環球人物百科全書

紅馬童書　張文　編著

漫畫名人故事

① 從老子到阿基米德

前　言

　　正在看書的你一定碰到過這種情形，一個平時看起來寡言少語，比你高明不了多少的「小人物」，抓住一個上台演講的機會，在講台上變得光芒四射。他滔滔不絕地展開長篇大論，把你講得雲裏霧裏：

　　「你説你知道哥倫布？人人都知道他是美洲大陸的發現者，可你知道他當過海盜，蹲過監獄，而他航海的目的是發大財嗎？」

　　「你知道老子是大名鼎鼎的思想家，那你知道他的職業是甚麼嗎？」

　　你還沒想起哥倫布做過甚麼的時候，他已經開始了下一段：

　　「你知道孔子是很多人的老師，可你知道為甚麼書店的老闆都討厭他嗎？」

　　「你説你知道蘇格拉底是個聰明人，那他為甚麼高高興興地喝下一杯毒酒？」

「有甚麼了不起！」你心裏酸溜溜地想，「只不過多讀了幾本名人傳記而已。」

事實上，這名同學也許不只比你高明一點兒。如果仔細觀察，你會發現他人緣還不錯，處理問題總像大人物一樣睿智⋯⋯

實際上，你也曾閱讀過某本名人傳記，書裏介紹了名人的成長經歷、成功秘訣、主要成就⋯⋯可它實在太枯燥了，所以你把書丟到了一邊。不過，你現在看到的這本書，跟你以往讀過的名人傳記可不太一樣。它不僅介紹了名人們廣為人知的一面，同時也爆料了很多名人的「小秘密」，你甚至可以翻看他們的日記呢！

怎麼樣，聽起來是不是挺有意思？你可以把書中的事例信手拈來向同學們炫耀一番，你就是下一位在講台上「光芒四射」的人，你肯定會令老師驚訝不已，對你另眼相看的。

所以，你應該認識到，名人並非只有高端、大氣、上檔次，他們也有普通人的一面，這正是本書要向你展示的。也許名人身上的那些獨特之處正在你身上逐步呈現出來，說不定你也會成為名人故事裏的主角。

還愣着幹甚麼？趕快翻開這本書，從中汲取智慧和力量，來一個華麗的轉身！

演講人名單

老子
神秘的大思想家

中國春秋時期楚國人，許多世界名人都很崇拜他，他哲學思想的核心是玄而又玄的「道」，他的著作是《道德經》。

2

孔子
愛當老師的大「聖人」

世界史上影響力最大的人物之一。他的思想核心是「仁」和「禮」，他喜歡當老師，據説收了三千多個弟子。

16

孫子
東方兵學的鼻祖

中國春秋時期齊國人，本名孫武，寫了著名的《孫子兵法》。他被譽為「百世兵家之師」和「東方兵學的鼻祖」。

30

蘇格拉底
熱衷於辯論的大哲學家

古希臘的思想家、哲學家、教育家。他研究的主要對象是人類本身。他為了捍衛自由表達的權利，飲毒酒自殺。

44

柏拉圖
構建理想國的偉大哲學家

他寫了《理想國》來描述心中的理想世界，還創立了著名的阿卡德米學園，它被認為是西方最早的高等學府。

58

亞里士多德
百科全書式的偉大哲學家

與蘇格拉底、柏拉圖並稱為「希臘三賢」。據説他的著作多達一千多部，他研究過太陽底下的每一個問題。

72

墨子

熱愛和平的大思想家

他生活在我國春秋戰國時期，是了不起的思想家、政治家、科學家、軍事家，同時是墨家學派的創始人。

莊子

自由自在的大思想家

名叫莊周，我國戰國時期的宋國人，是著名的思想家、哲學家和文學家，道家學派的代表人物。其著作叫《莊子》。

亞歷山大

戰無不勝的征服者

古希臘馬其頓王國的國王。30歲時建立起橫跨歐亞非的龐大帝國。他是世界古代史上偉大的軍事家和政治家。

阿基米德

古希臘最偉大的科學家

精通數學和物理學，他發現了浮力定律，還發明過投射武器。他在被殺的前一刻仍在聚精會神地研究數學問題。

秦始皇

中國的第一位皇帝

姓嬴，名政，是中國歷史上第一位使用「皇帝」稱號的君主。他結束了混亂的戰國時期，建立了一個統一的大帝國。

漢武帝

雄才大略的偉大皇帝

他被評為中國古代最偉大的皇帝之一，他趕走了匈奴，擴大了國家版圖。他派張騫出使西域，開闢了絲綢之路……

馬上就要開講啦……

老子

神秘的大思想家

> 這個人物不一般，不是凡人是神仙。沒人知道他確切的身世，
> 也沒人知道他出生在哪年。

　　這位老兄是個吟遊詩人，他提到的神秘大人物就是即將出
場的主角——老子。老子是我國古代最有名氣的思想家之一，
也是道家學派的創始人。不過，就像歌裏唱的一樣，我們並沒
有多少確切資料來了解他。現在比較明確的是，他的名字叫李
耳，是春秋時期的楚國人——大部份人認為他跟孔子生活在同
一個時代。

大多數人相信老子和孔子這兩位中國古代最有名氣的思想家曾經見過面，並且孔子還向老子請教過問題，老子的回答讓孔子心服口服。

孔子　　　老子

說起老子的思想，最重要的是一個字——道。道，簡單來說就是一種不可抗拒的規律，一切人和事都得遵循這種規律，所有試圖改變這種規律的做法都是愚蠢的，因為反正也不會有用。老子理想中的生活既清靜又自在，人們自給自足，不會想方設法發明甚麼新東西，在他看來所有發明都是對自然的破壞。

這些想法老子都記在了一本叫《道德經》的書裏。雖然這本書只有薄薄幾頁（不到六千字，所有內容用一張報紙就完全刊印得下），並且有點兒難懂，但很多人都喜歡看，包括許多頂有名的大人物，而老子也因此被認為是中國歷史上最有深度的思想家。

噢，這是歷史上最偉大的書！

我幾乎為它瘋狂！

我把這本書放在床頭隨時閱讀！

德國哲學家黑格爾　　　英國科學史專家李約瑟　　　俄國作家托爾斯泰

　　也許這樣能說清楚《道德經》的受歡迎程度——它是被翻譯成外語發行版本最多的中國書籍，有超過一千種國外版本，其中英文版就有四十多種。美國的《紐約時報》曾把老子評選為「古今十大作家」之首——在中國歷史上，恐怕再也沒有誰能像老子一樣對世界產生這麼廣泛和持久的影響了。

　　下面是這位神秘的大思想家的故事，由他本人親自講述。你會了解到：

　　·傳說他一出生就有白色的鬍子和眉毛，耳朵也很大。

　　·他喜歡養寵物，他的寵物是……一頭大青牛。據說這寵物是他自己馴服的。

　　·他是位超級暢銷書作者。雖然他只留下一本著作，但這

本著作的銷量超過了孔子的著作。

‧他確實非常有學問，就連戰國時大名鼎鼎的思想家莊子都是他的忠實粉絲。

‧他去世以後，崇拜他的人們根據他的學說發展出了道教，並把他奉為神仙。

他們說我是太上老君……
這跟我可沒關係！

老子開講啦

我曾在周朝擔任看管

年輕的時候，我曾在周朝擔任守藏室的史官——這個職位差不多相當於圖書館管理員。我很喜歡這份工作，因為這樣可以利用工作之便看書。不過我可沒偷懶，工作非常認真，經常把書整理分類——那時候整理書可是很花氣力的。

大人呢？大人，該整理書啦！

誰說圖書館的工作輕鬆？

附近的百姓都覺得我很有學問，經常來聽我講道理。可是這一次，他們對我所說的不太相信。

　　我對那胖子說，如果把他放在一群大力士中，他就算不上有力氣了。我對那姑娘說，如果拿她跟絕世美女比，別人就不會說她是美女了。至於那位老婆婆，如果跟一群上百歲的老人在一起，她還年輕着呢。瞧，胖和瘦，美和醜，年輕和年老都是相對而言的。我所說的正是這個道理。

從旁邊經過的大司徒（他可是個大官）恰巧聽到了我的話，這下我可惹了大麻煩。

幸運的是，沒過多久大司徒就因為貪贓枉法被罷了官，我被放了出來。

所以，我想告訴你，別為了一時的困難止步不前，也別為一時的挫折沮喪難過，它們以後會變成寶貴的經驗——別忘了，一切都在變化當中。

石頭和磚頭的道理

這一天，有個胖老頭來找我——那真是個囂張的傢伙。他說是來向我請教問題的，事實上，哼，他只想炫耀。

聽說你最會講道理，那你說說看這是甚麼道理！

他說，有些人種了很多糧食卻吃不飽飯，建了很多華麗的房子卻沒有地方住，而且很早就死了；而他自己呢，吃美食，住大屋，一直遊手好閒地過日子，今年 90 歲了，還健康地活著。這樣來看，他自己應該是成功的人，而別人都是失敗者。

聽了他的話，我找來一塊磚頭和一塊石頭，讓他選一樣他認為更有用的，他選了磚頭。

這難不倒我！石頭沒稜角，沒甚麼用，磚頭卻能派上用場！

8

沒錯，雖然石頭比磚頭更堅硬，但人們還是會選磚頭，那是因為磚頭有用——這就像人一樣，有的人雖然壽命短，但會種田，會蓋房子，是有用的人，即使死去了也會被大家記住。相反，有的人雖然壽命長，但沒甚麼用，即使一直活着也會被大家忘掉。成功的標準不是活了多久，而是有沒有用。

說的沒錯！哈哈哈……

舌頭和牙齒的道理

　　我會講道理的名聲越來越大，就連鼎鼎大名的孔子也來向我請教。他來的時候我正在想事情，根本沒有理會他。

先生，我想向您請教做人的道理。

　　過了一會兒……

又過了一會兒……

這時候，我睜開眼睛。

　　我又閉上了眼睛，再也沒說話。孔子不愧是大思想家，他想了一會兒，恍然大悟。

　　他說的沒錯。就像滴水穿石一樣，天下所有的事都是這樣的。許多爭強好勝的人家破人亡，而謙卑有禮的人卻能活得平安長久。這正是我要說的做人的道理——只要持久，柔弱也能戰勝剛強。

治國和烹魚的道理

　　有一天，周王召見我，說要請教我一些治國的事情。

諸侯國如今都不大服我，我想加重賦稅，然後發動戰爭，把他們打到聽話為止，你覺得怎麼樣？

11

　　我對他說，治理國家就像烹調小魚一樣，不能多攪動，攪多了魚就會爛掉。治理國家也一樣，無為的政策才是英明的——這就叫「無為而治」。天子不用特意做些甚麼，只要遵循世間萬物的規律就好了，這樣百姓才會歸附，國家才有希望。至於那些囂張的諸侯國，總有一天會遵循規律一個接一個滅亡。

　　我想，周王並沒有接受我的建議。天下的形勢越來越亂，戰爭越來越頻繁。後來，我辭了官，想找個清靜的地方隱居。我走到函谷關，守關的將領知道我的學問大，就請我寫篇文章，於是我寫下了《道德經》，便出關西去了。

七旬老翁辭了官，騎牛來到函谷關。守關將領不放行，老子寫下《道德經》。

老子失蹤以後——呃，他這算失蹤吧，從此再也沒了消息。那以後不久，春秋時代就結束了。結束了的春秋時代和接下來的戰國時代都屬於歷史上的東周時代。周王沒有採納老子的治國建議，也沒有採納別人的建議，結果周王室越來越衰微，而各個諸侯國越來越強大。所以，後來人們提起戰國時代，都會說齊、楚、燕、韓、趙、魏、秦這七個強大的諸侯國，對超沒有存在感的周王很少提起。

不知道老子看到這一切的話，會不會說……

知識鏈接

竹簡的製作過程

1 切

用刀等工具將竹筒切成尺寸相同的竹片。

2 刮

將竹片刮平整，薄厚一致。

3 殺青

用火烤竹片，竹片滲出水份，像出汗一樣，所以竹簡又叫「汗青」。殺青時還要刮去竹子的青皮。殺青的目的是防蛀，並讓竹片容易着墨。

4 編

竹簡一般是用絲、麻或者牛皮繩串成冊。簡冊是先寫後編，還是先編後寫沒有定規。

守藏室之史

　　古時候看管國家典籍的史官。老子做這個工作再合適不過了，因為他從小就喜歡讀書，對各種內容的書都感興趣。當上史官後，他藉機博覽群書，成為了一位知識淵博的大學問家。

藏室

　　藏室是周朝收藏典籍的地方，天下所有著名的文章和典籍都能在這兒找到，就像個超級圖書館——遺憾的是，它並不對普通人開放。

15

孔子

愛當老師的大「聖人」

提到孔子，請大家先來回答一個問題，孔子是甚麼家？

思想家！他是我們儒家學說的創始人，是我的偶像！

當然是教育家，他有三千多名弟子呢！

政治家！他向我提過治國建議，不過我沒採納。

老人家。

孟子　　　　子路　　　　魯哀公　　　　某讀者

好，思想家、教育家、政治家這些說法都對，當然，他也的確是一位老人家。不過，必須要說明的是，他是中國乃至世界歷史上影響力最大的人物之一。

孔子（前 551—前 479）名叫孔丘或者孔仲尼，春秋時期魯國人，孔子是人們對他的尊稱。作為一位思想家，孔子是儒

家學派的創始人。至於儒家學派，它所尊崇的不是上帝或神仙，而是一種思想。

孔子最主要的思想有兩個。一個是「仁」，它的意思是善良和博愛，提倡自己不願做的事，不要強加給別人。孔子不贊成暴政，強調統治者要靠仁政而不是暴力來統治百姓——當然，這種想法在當時的統治者看來非常荒唐。

瞧，統治者們不接受他的學說。

孔子另一個重要的思想是「禮」，這可不是我們所說的禮貌，而是行為舉止、禮儀風俗等規範的總稱。比如，他強調尊敬祖先，孝敬父母——後來孝順成了中華民族的傳統美德，這當然跟孔子

的提倡有很大關係。他還主張統治者、大臣、父親、兒子要在各自的位置上，遵守嚴格的等級制度。這種主張並不太對，但它有利於穩定國家秩序，受到了歷朝歷代統治者的推崇。

除了思想家，孔子還是一位了不起的教育家。一生中，他有一大半時間都在做老師。他很喜歡這個職業，提出了很多先進的教學理念，比如因材施教，直到今天老師們還在用。

接下來，這位喜歡當老師的大人物將親自為你講述他的故事，你會看到：

· 如果史料記載準確的話，他的身高有 2.2 米。

· 他開辦了一所學校，是中國歷史上第一位職業教師。

· 他一生有三千多名學生，其中很多都非常有成就。

· 幾乎所有人都認為他品德高尚、人格完美，所以尊稱他為「至聖」，意思是聖人裏面最了不起的人。

孔子開講啦

學費只要 10 根臘肉

我出生在魯國的一個貴族家庭，老媽說我的老爸能文能武，是個勇敢的大將軍——也許吧，他很早就去世了，早到我對他幾乎沒甚麼印象。老媽一個人把我撫養長大，我們的生活過得很拮据，但老媽還是把我送到官學讀書。下面就是我的成績單，你瞧，還挺拿得出手的。

孔子的成績單 學霸

能較好掌握各項禮儀並靈活運用。

已經練好了《文王操》等古琴曲，對音樂的理解非常深刻。

箭法全班第一，平均成績 9.8 環。

擅長駕車，已經通過了直角轉彎曲線駕駛、起伏道路駕駛等科目。

能熟練掌握各種公文寫作，並在其中恰當運用各種修辭手法。

算術優秀，靈活的頭腦堪比最精明的會計！

幾年以後，我長成了一個高個子的大小伙兒，並順利找到一份工作，在魯國當上了小官，負責管理倉庫和牛羊。我在工作中很負責，從來沒有出過差錯，不過說真的，這份工作也夠無聊的……

我希望做點兒有意義的事（你總不會覺得整天數牛羊有意義吧），於是辭了職，開辦了一所學校。

學費非常低，對吧？重要的是，我的學校並不像官學那樣只允許貴族子弟入學——你要知道，在我生活的這個年代，一般學校根本不收平民學生。而我打算教的，正是那些因為身份限制沒辦法上學，又很想學點兒甚麼的年輕人。只要他們願意學習（並肯出學費），知識的大門隨時向他們敞開。

同一個問題的不同答案

一天，學生子路來找我，向我請教問題。

隔了幾天，另一個學生冉有也來找我，問了我同樣的問題。

如果覺得一個主張很好，是不是應該馬上實行？

當然！覺得好就立刻去做！

我回答他們的問題時，另一個學生公西華恰好都在我身邊。見子路和冉有問了同樣的問題而我的回答卻不一樣，公西華覺得很奇怪，怎麼想也想不通，最後來找我，我告訴他……

子路莽撞又衝動，所以我叮囑他慎重。

冉有性格軟弱，一遇到事就退縮，所以我鼓勵他果敢。

沒錯，就是這樣。用不同的態度對待不同的人和事，才會更有針對性，更有效果。

據理力爭的夾谷會議

到了 52 歲的時候，我當上了魯國的司空（這個官職主要負責掌管禮儀），不久後又升職為大司寇（相當於最高法院院長）。有一天，齊國國君邀請魯國國君到夾谷這個地方來開會，說是要談談兩國結盟的事。

我陪同魯國國君帶着一大隊兵馬來到夾谷。會議開始以後，齊國國君下令演奏宮廷樂舞，不過，他的演員竟然是一群表演滑稽節目的小丑。哼，這很明顯是在嘲笑我們魯國一直引以為豪的周禮啊！

很多人替我捏了把冷汗，認為齊國國力強盛，兵強馬壯，我們根本惹不起。不過，只要準備充份，即使面對強大的對手也沒必要心虛。

結果，齊國國君殺掉了那些小丑，處罰了禮儀官，又向魯國國君道了歉。我趁機提出，如果齊國歸還之前從魯國搶走的

三座小城，魯國就答應跟齊國結盟。齊國國君見我們有備而來，身邊又有軍隊保護，真的打起來也佔不到便宜，只好答應了。

周遊列國的追求

夾谷會議以後，我以大司寇的身份代行相國的職責。我想我的政績還不錯，因為那段時間魯國井井有條，百姓安居樂業。不過，我也得罪了很多有權有勢的大人物，他們集體告我的狀，害得我被罷了官。

從那以後，我帶領學生們周遊列國，希望找到一個英明的君主接受我的學說，讓我幫他治國。遺憾的是，你已經聽說了，他們都不喜歡我。

還記得冉有吧，就是那個性格軟弱的學生。後來他當上了魯國的將軍，還率領軍隊打敗了齊國。魯國地位最高的大臣季康子問他……

你這領兵打仗的本事，是跟誰學的呢？

當然是跟孔子學的。

季康子　　　　　　　　　　冉有

因為冉有的關係，我又被請回了魯國。這時我都快70歲了，我用剩下的時間修訂了《春秋》，這部書和我以前修訂好的《詩經》、《尚書》、《禮經》、《易經》、《樂經》合在一起，被稱為「六經」，都是值得細讀的好作品。我的學說呢，也被學生們以課堂筆記的形式記錄下來，編成了一本《論語》。

斷了又斷的牛皮繩

說到這裏，我還想給大家講一件有意思的事……

你知道的，我們春秋時期可沒有紙，字都是寫在竹簡上的。一部書要用掉好多竹簡，這些竹簡用結實的繩子按順序綁在一起，捲起來存放。

有段時間，我迷上了《易經》這本書，反反覆覆讀了好幾遍。有一天，我正看得入迷，只聽嘩啦一聲，綁竹簡的牛皮繩子被磨斷了，竹簡散落一地。

過了一段時間……

25

　　一本書讀過那麼多次,當然會比只讀一兩次有更多收穫。後來,人們把這件事稱為「韋編三絕」,用來比喻讀書勤奮。而我始終相信,勤奮能讓人得到更多。

　　不過後來……

　　我的一生就是這樣了,真希望我的學說能永遠流傳下去。

　　孔子的學說從不被接受到被確立為經典學說,中間經歷了好幾百年。在秦始皇統治時期,包括儒家學派在內的先秦學說(除了法家)遭受了一場劫難。秦始皇下令把法家和秦國史書

以外的書全都燒掉，誰看禁書就砍誰的腦袋。

不過這種鎮壓沒有得逞，因為秦朝十幾年就滅亡了。儒家學派又恢復起來，到了西漢，思想家董仲舒向皇帝建議，天下應該統一思想，不如把其他學派都廢除，只留下儒家學說。就這樣，儒家學說被確定為國家正統思想，孔子被當成了聖人。

你一定知道科舉考試吧，隋朝後想做官的人都得通過這個考試，而考試內容主要是檢驗考生對儒家的經典掌握得怎麼樣。孔子不僅受到古人的尊崇，他的思想也流傳至今，被後人發揚光大。

學而時習之，不亦說乎？

知之為知之，不知為不知，是知也。

學而不厭，誨人不倦。

董仲舒

孔子研究會會長，曾獲孔子學說知識問答第一名。

朱熹

孔子研究會副會長，儒家學派全國聯誼會負責人。

王守仁

孔子學說第 42 屆提高班畢業生，畢業成績第一名。

知識鏈接

孔子的弟子

孔子的弟子有三千多人，其中很賢能的有七十二人，後者大部分都在各國做官，是了不起的棟樑之材，被稱為「七十二賢」。他們當中有十位最有名，被稱為「十哲」，包括品德高尚的顏回、閔子騫、冉伯牛、仲弓；擅長辭令的宰我、子貢；精通政事的冉有、子路；文學造詣很高的子游、子夏。

顏回

七十二賢之首，孔子誇他：不遷怒，不貳過。可惜的是，顏回 29 歲頭髮盡白，40 歲英年早逝。

子貢

孔子去世之後，他別的弟子們都守喪三年，子貢卻自己又獨守三年，共為孔子守了六年喪禮。

子路

後來做了衛國大臣孔悝的家臣，再後來被亂兵所殺，還被殘忍地剁成肉醬。

子游

是今江蘇常熟人，被譽為「南方夫子」。在武城做官時，他用禮樂教化民眾，所以武城人都會彈琴唱歌。

孔子的教育思想

　　孔子首次提出「有教無類」的思想，認為世界上無論是誰都享有受教育的權利。他建議老師在教學中「誨人不倦」「循循善誘」「因材施教」。他認為學生應該有好的學習方法，比如「舉一反三」「溫故而知新」；學習還要結合思考，也就是「學而不思則罔，思而不學則殆」；另外，他還強調要謙虛好學，有端正的學習態度。至今孔子的教育思想對我們仍然有啓發和指導意義。

孫子

東方兵學的鼻祖

有誰知道《孫子兵法》是誰寫的？

孫悟空？他在天上翻跟頭的時候寫了這本書！

某個農夫？他收完莊稼就寫了一部兵法，專門用來對付田裏的害蟲！

一位不想留下名字的神秘人士！

孫仲謀！

非常遺憾，上面的答案全都不對。正確答案是——孫武。

孫武，人們也尊稱他為「孫子」（別笑，這的確是尊稱），大約出生在公元前 545 年，是春秋時期的齊國人。除了孫子這個尊稱，人們還送給他很多別的稱號，比如「兵聖」和「兵

家之祖」。有一點毫無疑問，他是中國乃至全世界最了不起的軍事家之一。

這位軍事家把自己的用兵策略和計謀寫成了一本非常厲害的兵書，這就是開頭提到的《孫子兵法》。在軍事界流傳著這麼一句話——只要《孫子兵法》存在，世界上其他偉大的兵書都只能是二流的。

這本超一流的《孫子兵法》只有 13 篇，六千多個字，但講的都是最有效的克敵制勝的戰略戰術。歷史上，孫武幫吳王打了很多不可思議的大勝仗，比如曾經帶領 3 萬人打敗了楚國的 20 萬大軍。

你一定認為他的軍隊配備了比楚國更加先進的武器⋯⋯

衝啊！

事實上，雙方的武器是同一水平的。

後面你可以看到我是如何掌控這場戰爭的。

下面描繪的就是吳國和楚國那場戰爭，在那場戰爭裏，你可以看到，吳國士兵使用的戰術都是他們的大將軍孫武教的，用的就是《孫子兵法》裏的計策。

你一定看得出來吧，整場戰爭就像孫武的兵法秀。下面就是這位大軍事家的故事，你會看到：

· 他出生在一個武將世家。

· 他曾經訓練過一支宮女部隊。

· 他打了很多不可思議的勝仗，以少勝多根本是小意思。

· 他並不是個戰爭狂人，事實上他頂不喜歡打仗，還特別提醒大家在發動戰爭之前一定要慎重。

孫武開講啦

沉溺在戰爭幻想中的童年

　　我出生在齊國一個精通軍事的貴族家庭，從小就是個軍事迷。下面這位白鬍子老先生是我的爺爺孫書，站在他旁邊的是我的爸爸孫憑，他們都是齊國赫赫有名的武將。我總是纏着他們講帶兵打仗的故事，而且百聽不厭。

以至於我們家招聘家丁的條件是……

招　聘
孫府招聘家丁一名。

待遇：管吃管住，月薪優厚。
要求：你可以懶惰、不帥、沒才華、不會武功，但
　　　　一定要會講關於戰爭的故事，會複述也行。

後來我開始上學，下面是我的成績單。

科目	評價
兵書閱讀	已經讀完了《黃帝兵書》《太公兵法》和《軍政》正在研究《管子・兵法》。
詩文創作	雖然不太擅長，但能把意思完整地表達出來。
車戰	只能說他在戰車上的靈活程度絕不亞於走路。
射箭	總是正中靶心，非常棒！
模擬戰場	滿分！他能把學到的兵法活學活用！

你看到了，我的成績還不錯——除了詩文創作。我最擅長的科目是模擬戰場，總是能用在兵書上看到的兵法獲勝。

那時，我的理想是長大以後像爺爺和爸爸一樣當個威風的大將軍，幫齊國統一天下。

做出適合自己發展的選擇

可惜，齊國國力衰弱，內戰不休，理想還沒實現我就離開了齊國。我一路南下，來到吳國。當時吳國一直受楚國欺壓，吳王正招兵買馬，努力治國，想要擺脫楚國的控制。我在這裏隱居下來，潛心鑽研，寫下了《孫子兵法》，就是你知道的那一部，然後請大臣伍子胥把我推薦給了吳王。

吳王對我的兵法讚不絕口，但他怕我只會紙上談兵，要我實際演練看看。不過，他給我的軍隊有點兒特別——是由180名宮女組成的。

我任命吳王最喜歡的兩個妃子當隊長，開始對她們進行隊列訓練。規則講了很多遍，但我下口令的時候，她們還是……

我又講了一遍，並強調了紀律，然後再次下令，結果她們還是集體笑場。於是，我……

這下，宮女們再也不敢笑了，很快被訓練得有模有樣。吳王很欣賞我的軍事才能（雖然他痛失了兩名愛妃），任命我當大將軍。就這樣，我的軍事生涯開始了。

好兵法勝過 20 萬大軍

很快，我為吳國訓練出一支強大的軍隊。公元前 512 年，我和伍子胥一起指揮吳軍攻克了楚國的兩個小保護國。吳王見首戰告捷，就打算繼續進軍，攻打楚國的都城。

楚軍英勇善戰，不能小瞧。我們的士兵已經連打了兩場勝仗，不如暫時收兵，換別的辦法作戰。

我派出三支部隊，輪流到楚國邊境騷擾。第一支部隊到達楚國邊境時，楚王見我軍來勢洶洶，連忙派兵迎戰。可楚軍剛一出動，我就下令讓我們的部隊往回撤。楚軍趕到邊境，發現我們撤了兵，也返回駐地，但這時我派去的第二支部隊又出動了。就這樣，三支部隊輪流對楚國進行騷擾，弄得他們暈頭轉向。

他們到底有完沒完！

我們這樣騷擾了楚國整整六年。公元前 506 年，我覺得差不多是時候了，於是對楚國發動了進攻，吳王和伍子胥都出征了。我們只有 3 萬精兵，而他們有 20 萬。

就這樣，我率領 3 萬精兵大勝楚軍 20 萬人，攻入楚國都城——楚國差一點兒就亡了國。

接下來，我又率領軍隊打了好多勝仗。許多人說我在帶兵打仗方面是天才，我想說的是，我並不是天才，而是每打一仗都會使用最合適的戰法，所以……

如果你在做事之前能想好最合適的辦法，我想你一定也會像我一樣成功。

保留實力，做更有意義的事

吳國很快強盛起來，可惜，在一次跟越國的戰爭中，吳王受傷死掉了，世子夫差當上了新一任吳王。我和伍子胥整頓軍備，幫新吳王打敗了越軍，還把越王勾踐團團包圍。但是，新吳王不聽勸阻，同意了勾踐的求和請求。

大王，越王勾踐實在是個危險人物，還是把他殺了吧！

我不殺他，讓他到我身邊伺候我，戲弄他一下，那多好玩！

君子能屈能伸，我先假裝投降，再找機會報仇！

吳王打了幾場勝仗以後，仗着自己兵精糧足，漸漸放鬆了警惕，整天在宮裏吃喝玩樂。

勾踐當初是被迫投降的，以後一定會想辦法報仇，大王不能不防啊！

我看你是在挑撥離間吧！來人，把這個危言聳聽的傢伙拉下去！

我和伍子胥勸吳王別中勾踐的詭計，吳王不但聽不進去，還給伍子胥一把寶劍，逼他自殺了。

伍子胥的死讓我很受打擊，我對吳王徹底失望了，於是在一個月黑風高的夜晚悄悄地離開了吳國。我躲到深山裏，根據這幾年訓練軍隊、指揮作戰的經驗，把我的《孫子兵法》修訂得更完善。

聽說吳王後來真的被勾踐打敗了，還亡了國。瞧，跟為了一個不可救藥的國王送掉性命相比，讓我的兵法留傳下來顯然更有意義，對吧？

人民需要的是和平，希望這本書對阻止戰爭有用！

後來，《孫子兵法》被當作科舉考試中武科考試的教材，也就是說，它不再只是一本兵法，而且成了一本教科書。

使用智慧和計謀！　隨機應變！　出其不意，攻其不備！　知己知彼，百戰不殆！　體現…　我認為這些方面可以　參考答案　的有哪些？　現孫武軍事觀點　請回答，能夠體

《孫子兵法》不僅在中國有名氣，還被翻譯成多國文字，流行於全世界。就算已經過去二千多年，它在戰爭中依然行得通。好多外國軍事家都瘋狂地熱愛這本書，書裏的兵法和計謀幫他們打了很多勝仗。更了不起的是，它不僅被用在戰場上，還被運用到社會各個領域——企業家和經濟學家們認為把孫武的兵法用在企業管理和市場競爭中也非常有效。

我們人手一本，倒背如流！

這麼暢銷？我要不要寫本續集？

知識鏈接

戰車操練

　　由 4 匹馬拉動一輛戰車，每輛戰車上配備 3 名士兵，其中一名負責驅車衝散敵陣，一名士兵持戈、戟等長兵器砍殺，另一名持弓箭遠程射擊。儘管戰車車身相對輕便，但衝擊起來仍然威力巨大，可以輕易攻破步兵陣。

步兵操練

　　士兵手持戈、戟等
長兵器，列隊行動，具
有一定攻擊力。

弓弩手操練

　　弓弩手可以遠程射
殺敵軍，對城內守軍和
缺乏盔甲保護的步兵殺
傷力巨大。

43

蘇格拉底

熱衷於辯論的大哲學家

　　在本篇的主角出場之前，讓我們先來聽聽他的熟人們是怎麼說的。

　　首先，根據大家提供的線索，他的樣子很難看——禿腦袋，朝天鼻，大嘴巴，亂七八糟的鬍子，又髒又破的衣服，而且總赤著腳，這副邋遢樣子連他的學生都受不了。

他的長相比滑稽戲裏的小丑還要搞笑！

腦袋大，裝的智慧就多；鼻孔朝天，就不會流鼻涕；嘴大就更好了，吃得多……

　　接下來的這一點是他的街坊們提供的，他們一致證明，他一天到晚在街上纏着別人聊天——當然他認為自己是在認真討論問題，可是對方往往並不情願。

最後，他的鄰居透露，他的太太很兇悍，整天在家發脾氣，而他在太太面前一句話也不敢說——這也許正好能說明他為甚麼喜歡待在外面吧。

別懷疑，他們說的都是真的。這麼看，這位先生無論如何都不像個大人物，可實際上，他就是古希臘鼎鼎大名的哲學家蘇格拉底（前469—前399）。

蘇格拉底總是用聊天的方式跟別人探討他的哲學，當然，也有時候用辯論的方式，不過每次都是他贏。至於探討的內容——在他之前，哲學家們主要研究世界和宇宙，而他第一個開始研究人類本身——這顯然更有意義。

他對宇宙的本原是水還是土毫不關心，他所關心的是……

甚麼是善？甚麼是美？甚麼是正義？你是不是政治家？關於統治，你學會了甚麼？你是不是教師？在教育無知的人之前，你怎麼彌補自己的無知？甚麼是道德？

我不是政治家我失業在家！

你才無知呢！

　　他認為，正義、善良等美德跟知識存在着緊密關係。人是因為無知而犯罪的，智慧可以消除罪惡。這些問題現在被稱為「倫理學」，是哲學很重要的組成部份。所以，蘇格拉底被大家稱為倫理學的鼻祖，他真的很了不起。

　　蘇格拉底擁有一大批狂熱的崇拜者，一直被大家當成追求真理的聖人。他把自己的哲學思想傳達給學生們，並通過他們影響了整個西方哲學界。他和他的學生柏拉圖以及柏拉圖的學生亞里士多德，這閃亮師徒三人組被認為是西方哲學的奠基者，也就是說，他們是西方哲學史上最早最重要的三位大人物——別着急，另外那兩位先生緊接着就會出場。

下面，這位很愛講話的大哲學家會講一講自己的故事，你會在故事裏看到：

· 有一陣子他每天只做兩件事。

· 他開辦了一所學校。

· 他教授的課程包括教學生挑選大麥穗——他不是哲學家嗎，怎麼像個農夫？

· 他高高興興地喝下了一杯毒酒。

蘇格拉底開講啦

我是神賜給雅典的禮物

在我年輕的時候，古希臘剛剛結束了一場規模龐大而漫長的戰爭。在這次和波斯的較量中，古希臘打贏了。戰爭的勝利讓古希臘變得更加繁榮，雅典衛城熱鬧非凡，聚集着遠近所有最有學問的大人物。

我就出生在這座了不起的城市裏，老爸是個雕刻石像的工匠，老媽是個助產士，工作是幫別人生寶寶——蠻特別的吧？年輕的時候，我曾經跟老爸學過雕刻手藝，不過在砸了幾次手以後，老爸説這活計不適合我。

既然不用學雕刻，我就有很多時間來讀書了。我認真讀了《荷馬史詩》和其他一些詩人的作品，還曾經向雅典城裏有名的大學問家求教，漸漸變成了一個很有學問的人。

除了讀書，我過着非常簡樸的生活，吃飯完全不講究，衣着也很隨便。説真的，我顧不上這些。我把自己當成眾神賜給雅典的使者和禮物——我的意思是，我已決定當一名老師，把我所知道的知識傳授給大家。

我想，這大概跟老媽的工作有點兒像……

媽媽幫別人生出孩子，而我要幫別人生出智慧。

我不收報酬，也沒有固定的教室，整個雅典城就是我的學校。我大部份時間都在室外度過——市場、運動場或者街頭，我的任務就是到處找人談話，探討智慧和真理。

願意跟我來場辯論嗎？

接下來，我想說說我的作息時間——別着急，我保證這用不了多久，因為我每天基本上只做兩件事……

我不是在開玩笑。

作息時間表

白天：辯論
夜晚：沉思

先來說辯論。你已經聽說了，每天我都在雅典的大街小巷

走來走去，找各種各樣的人談話——以辯論的形式。也許辯論在你看來很可笑，但在當時那可是非常流行的。我的做法呢，就是提出一個問題讓對方回答，然後在他的答案中找出漏洞，抓住漏洞發問，直到他再也回答不出來為止。

有一次，我走在街上，突然產生了一個疑問，就隨便攔住了一個路人。

我這才看清楚，自己攔住的居然是大將軍。不過，他倒是願意跟我聊幾句。

　　看到對方啞口無言或暴跳如雷的樣子當然很有意思，但更重要的是我能在辯論中探索真理。遺憾的是，人們往往不關心真理，而只在意辯論的勝負，以及自己是不是丟了面子。

　　我的手下敗將很不服氣，就跑去阿波羅神廟祈禱。

沉思的力量

　　現在，我要說說我每天做的第二件事——沉思。不辯論的

時候我總是在沉思。一旦陷入沉思，我就會把其他的事都忘掉。

有一天早上，我走在街上，突然被一件事難住了，怎麼都想不出解決的辦法。我從早上想到中午，站在原地一動不動。大家漸漸注意到了我……

我真的站到了第二天早上。當太陽出來的時候，我終於想到了答案，就活動了一下手腳，高興地走開了。

　　沉思可以讓人產生思想，而辯論則是在交換思想。人的精力是有限的，把精力集中在少數幾件事上，才能把它們做好。如果甚麼都做，那多數會一事無成。

怎麼選擇最大的麥穗

　　漸漸地，我變成了雅典城裏有名的大人物。於是，我真的開辦了一所學校。

　　面對學生們的問題，我總能用獨特的方法來回答他們。有一天，幾個學生對我說，他們在尋找快樂，但找到的只有憂愁和痛苦。

　　學生們找來工具，挖空樹心，造出一艘小木船。我們把木船推下水，玩得很開心。

快樂就是這樣，如果特意去找，的確很難找到。不過當你為了一個明確的目標而無暇顧及其他事的時候，它就自己來了！

喲吼！

　　還有一次，我帶着幾個學生來到一片金色的麥田裏，讓他們每人去摘一根最大、最飽滿的麥穗。不過，條件是只許前進不許後退，而且只能摘一次，摘了就不能後悔。

　　不一會兒，他們陸續回來了。有人拿着麥穗，有人空着手，看上去都有點兒懊惱。

你們怎麼了？

我本以為這根就很大了，但再往前走，還有更大的，比較起來，我摘的這根就像個小老鼠尾巴！

開頭我看到了一根很大的，可總覺得前面還有更大的，就繼續往前走，但是後來看到的都不如開始那根大，而開始那根再也找不到了！

這時，有個叫柏拉圖的學生拿着麥穗最後一個回來了。跟其他人不同，他的樣子平和得多。

我在前三分之一的路程觀察麥穗，中間三分之一的路程比較判斷，走到最後三分之一才摘下這根麥穗，我覺得它是最大的。

你做得很好。

如果行動之前不思考，就會因為失敗而懊惱；如果只思考不行動，則必然會兩手空空；只有對事情有了了解和思考以後果斷行動，才會有令人滿意的結果。這個道理正是我想告訴學生們的。

用生命捍衛我所追求的真理

我曾經三次參軍作戰，在戰爭中表現得非常勇敢，還不止一次在戰場上救過戰友的命。另外，我還在雅典公民大會中擔任過陪審官。

在我 70 歲的時候，因為反對當時的政治制度，我得罪了權貴，被人誣陷，以瀆神罪被判處死刑。

朋友和學生們建議我逃亡，但我拒絕了。我一直希望希臘成為一個真正的法制邦國，每個公民都受法律的保護。現在，

既然是法律判處我死刑，那逃亡只會破壞法律的權威。

獄卒很快端來了一杯毒酒，我高高興興地接過來，一飲而盡，就像喝下了最美味的葡萄酒。

古希臘人說蘇格拉底是神的使者，對他來說，為追求真理而死正好是一個完美的結局。不過，奇怪的是，一個這麼了不起的大人物，竟然沒有任何著作流傳下來——有人說他根本不寫東西。他的思想和學說大部份是由學生色諾芬和柏拉圖記錄下來的，色諾芬似乎不太能理解老師的深刻思想，而柏拉圖呢，很多他記錄的「蘇格拉底說」，其實是以蘇格拉底的名義說自己的話——他的想法實在太多了。

知識鏈接

對蘇格拉底的起訴

　　公元前399年，蘇格拉底受到民主派貴族的指控。

　　雅典法院最終以不虔誠和腐蝕雅典青年思想的罪名判處蘇格拉底死刑。

　　蘇格拉底強調，一個人只有當他遵守法律時才是一個公民，所以他不想逃避判決，最後喝下毒酒身亡。

滴水為鐘

　　古希臘以滴水為鐘，對當事人的辯護時間進行嚴格限制。

　　上邊的陶盆放上一定量的水，辯護開始之後，水從小孔滴到低處的陶盆裏。水滴完之後，辯護人的發言就要停止。

陶片放逐制

  陶片放逐制也翻譯為「陶片放逐法」，是古代雅典城邦的一項政治制度。雅典人可以通過投票的方式強制將某個人放逐十年，被放逐的人往往是可能威脅雅典民主制度的政治人物。

  投票當天，人們將他們認為應該被放逐的人的名字刻在陶片上，進行投票。一般會有好幾個人同時被提名。

  如果投票總數達到 6,000，那麼名字被提及次數最多的人將被放逐。被放逐者無權為自己辯護，必須在 10 天內處理好自己的事務，然後離開城邦。

你認識阿里斯提德嗎？為甚麼投票放逐他？

不認識，只是人們都叫他「公正之士」，我實在聽煩了。

（人名：伯里克利）

（人名：克蒙）

（人名：阿里斯提德）

雅典政治家阿里斯提德

柏拉圖

構建理想國的偉大哲學家

蘇格拉底對自己的學生們提出過一個要求,要他們每天都甩 300 下胳膊。學生們都覺得這麼簡單的事誰都做得到,可是一年以後,堅持下來的只有一個人——蘇格拉底最優秀的學生柏拉圖。

別誤會,並不是說每天甩 300 下胳膊就能成為哲學家,不過堅持完成一件事,的確能鍛煉人的意志。

有人認為柏拉圖（約前 427—前 347）是哲學家裏最偉大的一位——甚至超過了蘇格拉底和亞里士多德，因為幾乎整個西方哲學都來自他的思想。

他同時也是蘇格拉底的忠實崇拜者，繼承和延續了老師的哲學觀點，但做了一些符合自己思想的修改。在他看來，世界分為自然世界和理念世界兩部份。因為人們對同一件事的感知是不一樣的，所以自然世界是不真實的，而理念世界才是永恆存在的。

他的意思是，道路、樹木、房屋、路人和攤主都是不存在的——因為他根本沒注意到，只有烤羊腿是永恆的——他正盯着看嘛。

理念論是柏拉圖最重要的哲學觀點，這在後來被稱為「唯心主義」。為了讓大家更明白他的意思，他舉過這麼一個例子。

想像一下，有一群囚犯被關在一個山洞裏，手腳被捆得結結實實，身體完全沒辦法移動，只能背對着洞口。他們面前有一堵牆，身後燒着一大堆火。火光使他們的影子映在牆上，因為看不到其他任何東西，他們會覺得影子就是真實的。

有一天，他們當中有個人掙脱了繩索，走出山洞，第一次看到了外面的世界。他回去告訴同伴們，牆上的影子不是真的，外面的世界才是真的，你猜大家會不會相信他的話呢？

不，他的同伴宣稱除了牆上的影子，這個世界上再也沒有其他東西了，而且，大家還覺得他肯定在逃跑中被砸到了腦袋，變得又蠢又愛胡説。

故事裏的影子就是柏拉圖所説的理念世界。甚麼？還是覺得有點兒暈？沒關係，繼續往下看，柏拉圖會親自為你講述他的道理。

下面就是柏拉圖的故事，你會看到：

· 謝天謝地，跟他的老師相反，他是個模樣英俊的小伙子，身材也不錯。

· 他喜歡運動。

· 他的口才一級棒，不管多枯燥的內容他都能講得像詩一樣動聽。

· 他對政治很感興趣，還描繪過一個完美的理想國。

柏拉圖開講啦

多樣的愛好和永恆的興趣

我出生在雅典一個蠻有錢的貴族世家，是老爸和老媽的第四個孩子。我家據説是古雅典王室的後代，叔叔柯里西亞斯是一位有名的政治家。

在他還是個嬰兒的時候，曾經有隻蜜蜂停在他的嘴唇上。

　　漸漸地，我長成了一個多才多藝的英俊小伙子。我曾經加入軍隊，上過戰場，還曾迷戀文學，寫了好幾部感人的悲劇和好幾篇朗朗上口的詩歌。

　　我把我的作品拿給老師看……

我承認你學哲學非常有天份，但你真的不適合寫作。

　　你一定認識我的老師吧，他就是大名鼎鼎的哲學家蘇格拉底。老師的教學方法很有趣，記得我曾問他到底甚麼是哲學，他沒有直接回答我，而是讓我去郊外的樹林裏轉轉。

那天剛下過雨，天氣晴朗，空氣清新。陽光穿過樹葉間的縫隙灑在野花上，把花瓣上的水珠照得晶瑩剔透。一條小溪從樹林裏蜿蜒流過，偶爾有一隻青蛙從草叢跳進水裏，小鳥們在我的頭頂飛來飛去。這裏的每一棵樹、每一朵花、每一隻小動物都那麼可愛，一切都令人心曠神怡。我流連忘返，不知不覺就到了黃昏。

當我見到老師的時候，他問我感覺如何。

小心老鼠

在老師的教導下，我漸漸形成了自己的哲學觀點。你已經聽說過其中一部份了，是不是覺得有點兒難懂？也許被理念世界甚麼的弄昏了頭吧？

這個世界是理念的世界，我們看到的所有事物都是理念的反映⋯⋯

　　有一天，有個人來找我辯論。他對我的觀點不以為然，認為世界是由物質組成的，比如樹、花、房屋或者烤羊腿。我對他說，能用眼睛、耳朵、鼻子感知到的才是真實的世界，他沒有感知到的那部份對他來說是不存在的；相反，如果一個東西沒有被他看到，但被感知到了，那它也是存在的。

你的腳下有一隻老鼠！

啊，在哪兒？我最怕老鼠！

　　好吧，事實上根本沒有甚麼老鼠，不過，因為我提到了它，那它就在我們的理念世界裏存在了。相對地，不能感知到的那部份世界對我們來說又有甚麼意義呢？存不存在又有甚麼關係？難道一條魚會關心農田的收成嗎？難道田鼠會關心大海底下到底有甚麼嗎？

所以，下一次如果有人逼你打掃房間的話，你完全可以這樣回答——當然，前提是得確保聽你講話的人脾氣不那麼火爆才行。

理想中的國家

雖然我很樂於研究哲學，但是因為家族的傳統，我一直都打算當個政治家。

就在我要大顯身手的時候，雅典和斯巴達發生了戰爭。這場戰爭從公元前431年一直持續到公元前404年，幾乎所有古希臘的城邦都被捲了進來。在這期間，雙方曾經幾度停戰，不過最後斯巴達獲得了勝利。

斯巴達國王佔領了雅典，在這兒建立起一個傀儡政府，由我的叔叔克里蒂亞斯和舅舅查米德斯領導。這個政府並不打算繼續實行民主政治，反而殺死了許多雅典公民——幾乎比戰爭最後十年裏被殺死的雅典人還要多。

公元前403年，斯巴達駐軍受到雅典民主派的攻擊並被打敗，我的兩個舅舅都被殺死了。斯巴達人只好跟雅典民主派講和，答應重建雅典的民主政體，沒錯，一個新政府成立了。

我對新政府充滿希望，然而，它所宣稱的民主都是假象。你一定已經聽說了發生在公元前399年的大事件吧，我的老師蘇格拉底被判處死刑，原因只是他自由地表達了自己的意見。

我對這個邦國失望透頂，它所謂的民主其實專制得要命。於是，我離開了雅典，去尋找一種更好的國家制度。我遊歷了意大利、埃及等很多地方，但哪兒都不是我的理想國。那些統治者表面上支持民主，其實都是些希望自己一個人說了算的虛偽的傢伙。

公元前387年，我結束旅行，回到了雅典，我決定寫一本書——既然在現實中找不到心目中的理想國，那我只好把它描述出來……

國家的公民分為治國者、士兵和勞動者三類，治國者必須是德高望重的哲學家。

帶有悲劇內容的書籍一律不准傳入國內，因為它們會損害人們的意志。

治國者和士兵不能擁有財產和家庭，因為那是一切私心和邪念的根源。勞動者不允許擁有奢華物品。

從 30 歲以上的人裏挑選出優秀者研究哲學，再學習五年，他們就可以成為治國者了！

每個小孩從 3 歲開始要集中起來唱歌、講故事、做遊戲。

7 歲以後開始學習軍人需要的各種知識和技能，包括讀、寫、算、騎馬、投槍、射箭……

20 至 30 歲學習算術、幾何、天文學和音樂，還要研究自然科學。

唱反調的學生

在寫《理想國》的同時，我還在雅典開辦了一所學校。學校的位置在雅典城外西北角，因為這片土地曾經是古希臘的大英雄阿卡德米的住所，我的學校就叫阿卡德米學園，後來它被認為是西方最早的高等學府。

大部份時間，我都待在學校裏，忙着教學、研究、寫書以及聽手下彙報工作。學校課程包括算術、幾何學、天文學以及聲學。既然找不到一個理想的國家，我乾脆就把學校當成了我的理想國，把自己的知識通通傳授給學生——我很擅長當老師，很多人都認為我是個大教育家。

我的學生人數很多，但是能真正領會我的思想的並沒有幾個。我發現有個年輕人對哲學非常感興趣——不過，他的話實在有點兒多。

這傢伙經常用各種意想不到的方式向我提出反對意見……

我們存在於理念的世界裏，
所有事物都是理念的反映。

至於今天的作業，我已經在我
的理念世界裏寫過了。

　　瞧，他可真是讓人火冒三丈！在他的不斷質疑下，我開始
反思自己的觀點和論證方法，想方設法讓自己的理論變得更完
善，盡量不被他找出漏洞——這倒是一種督促。這個討人厭的
傢伙後來變成了我最出色的學生，我想，你一定聽說過他的名
字——亞里士多德。

　　柏拉圖用對話的形式寫了很多書，包括那本《理想國》。
在書裏，他把自己和老師蘇格拉底作為兩個主要角色，把自己
的想法通過兩個人的對話表現出來。
　　你已經聽說了，蘇格拉底一本書都沒寫過，所以誰也不知
道他到底是不是真的說過那些話，還是一切都是柏拉圖虛構出
來的。不過，柏拉圖本人就不會遇到這個問題，因為他寫了好
幾十本書，把自己的觀點表達得很透徹，讓他的學生亞里士多
德根本沒機會出手——說起亞里士多德，以他的性格，早就等
不及要出場了。

知識鏈接

柏拉圖的「洞穴寓言」

　　《理想國》中的「洞穴寓言」具有很強的象徵意義：
　　黑暗的洞穴象徵人民普遍無知而愚昧的社會，囚徒象徵缺乏獨立思考能力的普通人，舉着物體模型的人象徵實行愚民政策的統治者，正在走出洞穴的人象徵受到啟蒙思想影響的人，已經走出洞穴的人象徵具有智慧的啟蒙思想家，囚徒的手銬腳鐐象徵現實世界對普通人的束縛，影子象徵社會表象。

柏拉圖名言

　　孩子怕黑暗情有可原，人間真正的悲劇是成人怕光明。

71

亞里士多德

百科全書式的偉大哲學家

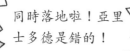

同時落地啦！亞里士多德是錯的！

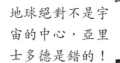

地球絕對不是宇宙的中心，亞里士多德是錯的！

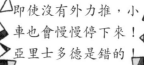

即使沒有外力推，小車也會慢慢停下來！亞里士多德是錯的！

你們有完沒完？

這位好不容易等到出場的大人物——古希臘哲學家亞里士多德——看起來似乎是個錯誤大王。沒錯，無論在哪個領域，他的觀點都被後來的科學家們挑出一大堆錯。不過你要知道，這位先生可是生活在二千多年以前，不管他的觀點是對還是錯，他能提出來就已經比同時代的人先進了許多。

　　在亞里士多德的時代，他絕對稱得上全世界最博學的人。有人說他寫了四百多部著作，也有人說是一千部，當然現在保留下來的沒有這麼多，不過也足夠我們看一陣子了。這些著作的研究領域包括天文學、氣象學、生物學、心理學、生理學、數學、物理學等幾乎所有當時已知的學科，事實上，其中大部份就是由他創立的。一切就像當時的人們說的那樣——太陽底下的每一個問題，亞里士多德都曾經研究過。

這麼說才像話嘛！

　　亞里士多德（前 384—前 322），古希臘偉大的哲學家、科學家和教育家。他和之前出場的蘇格拉底（他的師祖）、柏拉圖（他的老師）一起被認為是古希臘最有智慧的三位大師。如果說蘇格拉底的學說是一棵參天大樹，柏拉圖的思想就是一座精緻的花園，那亞里士多德呢？他的研究成果差不多是一座規模宏大的宮殿。

蘇格拉底　亞里士多德　　　　　　　　柏拉圖

　　亞里士多德要說的實在太多了，所以，我們多留點兒時間
給他，聽聽他的故事吧。你會聽到一些令人驚訝的內容：

・他和他的老師一見面就吵個不停。

・他收到過一張了不起的聘書。

・他開辦的學校超級豪華，比他的老師和老師的老師厲害
多了！

・他的一個學生儘管沒能成為哲學家，卻成為了一個大征
服者。

亞里士多德開講啦

我愛我師，但我更愛真理

　　我出生在色雷斯的斯塔基拉，這座城市由希臘管理，跟正
在興起的馬其頓王國是鄰居。我的老爸是馬其頓國王腓力二世

的御用醫生，這位國王陛下很大方，所以我家過着非常富有的生活。

　　大概是受老爸的影響，小時候我對生物學和醫學都很感興趣，事實上我對所有的事都滿懷好奇。後來，我聽說雅典有個大哲學家叫柏拉圖，於是弄到一張報名表，來到他的阿卡德米學園上學——那年我 17 歲。

　　柏拉圖是位很棒的老師，而且真的懂得挺多的。因為他的關係，我很快愛上了哲學。我的表現很不錯，就連老師都稱讚我是學園之靈——這個稱號多符合我的氣質啊！

　　不過，老師應該覺得我是個棘手的學生，因為我的問題實在太多了。雖然他教會我很多東西，但我漸漸形成了自己的觀點和看法——跟他所教的並不完全一樣。比如老師認為能夠感知的才是真實存在的，但我認為自然世界客觀存在，人們的認識來自對自然世界的感知。

75

　　雖然觀點有所不同，但是我依然敬愛我的老師，這跟追求真理並不衝突——我既不想當我行我素的叛逆者，也不會成為唯唯諾諾的應聲蟲。

我愛我師，但我更愛真理。

了不起的聘書

我在阿卡德米學園學習了整整二十年，直到老師去世。老師把學園交給別人管理，這多奇怪，明明我才是他最出色的學生啊！我不喜歡學校的新校長，他對老師的學說深信不疑，對我的理論則嗤之以鼻，這樣的氛圍令人窒息，於是我離開雅典，回到了色雷斯。

在接下來的日子裏，我接受同學赫米阿斯的邀請，去訪問小亞細亞——他是小亞細亞沿岸密細亞的統治者。我在那裏住了好幾年，還娶了他的漂亮姪女當太太。後來，赫米阿斯在一次暴動中被殺了，我只好離開小亞細亞，和家人一起住在米提利尼。公元前 343 年，我收到了一張了不起的聘書，是馬其頓國王腓力二世發來的。

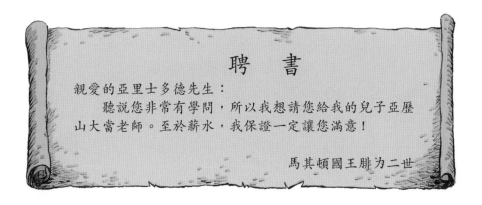

聘　　書

親愛的亞里士多德先生：
　　聽說您非常有學問，所以我想請您給我的兒子亞歷山大當老師。至於薪水，我保證一定讓您滿意！

馬其頓國王腓力二世

給王子當老師？這太棒了！我的才能總算有了發揮之處，何況腓力二世一向很大方！我接受了聘請（傻瓜才會拒絕），住進了馬其頓王宮。

我對我的學生非常關心，仔細制訂了課程，他得學習哲學、科學、經濟學等好多科目，還得聽我講《荷馬史詩》，尤其是

裏面那些有關大英雄的故事。王子對自己將來要當國王這件事深信不疑，所以學得很認真，還把《荷馬史詩》當成最喜歡的書放在枕頭底下，有空就拿出來讀幾頁。

這份工作我做了很多年，從亞歷山大還是個 13 歲少年開始直到他成為了一位稱職的國王。後來他帶兵到處征戰，我們還一直頻繁通信。他總是要求我教他政治方面的道理，他說這要比征服一座城池帶來的快樂多得多。

歡迎來到呂克昂學園

公元前 335 年，我告別了亞歷山大大帝，回到雅典，就像我的老師一樣開辦了一所學校，取名呂克昂學園。

呂克昂學園招生啓事

校長：亞里士多德

校長資歷：柏拉圖的得意門生，通曉哲學、科學與教育學等各類學科。

開設科目：倫理學、心理學、自然科學、神學、政治學、美學、修辭學……

學園環境：宿舍整潔，基礎設施完備，飯菜可口（每月還會舉行一次盛大的酒會）。

校園環境優美，有茂盛的樹木、浪漫的林蔭小路，還有華麗的噴泉和典雅的迴廊。

學園中有圖書館、博物館、實驗室、運動場以及世界上第一座動物園和植物園……你可以在知識中暢遊，也可以在思想中漫步。

心動不如行動，趕快報名吧！

報名地址：阿波羅神廟周圍（沒錯，周圍都是我們的校區）

也許你會奇怪我怎麼有錢建造這樣一所學校，別忘了，我可是亞歷山大的老師。因為有亞歷山大的全力支持，我在雅典受到很多優待，畢竟現在雅典也屬於亞歷山大管轄。他不僅給了我一筆巨款作為研究經費，還派來上千人給我當助手，其中包括獵人、漁夫和園藝工

公　告

　　凡是抓到稀奇古怪的動物，都要送到雅典的呂克昂學園用於研究。

附：如果你敢不這樣做，
　　下場你自己知道……
　　　偉大的亞歷山大大帝

人等。我請他們幫忙打獵、捕魚、養蜂、餵鳥，還用各種各樣的辦法獲取生物標本，很快建成了一個規模可觀的生物實驗室。

在呂克昂學園，我一邊講課一邊寫書，還常常在走廊和花園裏散步，遇到學生就跟他們討論一下哲學問題。

跑吧

　　我在呂克昂學園待了十幾年，公元前 323 年，發生了一個大事件——亞歷山大大帝在一次出征途中病逝了！

　　從這以後，雅典人開始奮起反抗馬其頓人的統治。因為和亞歷山大的親密關係，我也不可避免地受到了牽連。

　　我的處境越來越糟了……

聽到沒有，瀆神罪！當年老師的老師蘇格拉底就是因為這個罪名被判處了死刑！

學生們擔心我和蘇格拉底一樣想不開，在雅典等死……

沒錯，我可沒打算學蘇格拉底——為了維護雅典的民主而死？迫害哲學家的民主並不值得我為之犧牲。於是，在一個月黑風高的晚上，我帶著學生們逃離了雅典。

把整個大海裝進一個洞

　　逃出雅典以後，我隱居在埃維亞島上。埃維亞島位於愛琴海中部，是個風景優美的好地方。我在那兒住了一整年，一直在思考一個問題——這個世界到底是甚麼樣子的。

　　有一天，我到海邊散步，看到有個人正用勺子從大海裏舀起海水，然後倒進岸邊的一個洞裏。他不斷重複着這個動作，聚精會神，完全沒注意到我的存在。我實在太好奇了，於是……

先生，請停一下！我不想打擾您，只是想問問您到底在做甚麼？

別吵我，我要把大海裝進這個洞裏。

　　說真的，我見過很多奇奇怪怪的人，但像他這麼怪的還是頭一個。

海這麼大，洞這麼小，而你竟然打算用一把小勺子幹這種事，簡直是瘋了！

我知道你是亞里士多德，其實，你和我在做一樣的事，甚至比我更愚蠢。你的腦袋比我的洞還小，這個世界比海洋更遼闊。而你的思考——它比我的勺子更大嗎？

　　聽聽，他不是瘋子，而是個哲學家！我明白他的意思，他

82

是想説，人類的思想和世界的各種問題比起來簡直微不足道。在一生當中，我曾經希望通過各種學科來了解這個世界，然而就算知識再多，也無法真正看透世界究竟是甚麼樣子的。不過，明明知道沒有答案，卻依然不停地思考，也許這就是哲學的樂趣吧。

公元前 322 年，博學的亞里士多德去世了，至於他的死因，有人説他是病死的，也有人説他被人下了毒，還有人認為，他是因為無法解釋厄里帕海峽的海水為甚麼每天都要改變流向而跳海自殺的。聽起來，最後這種説法最符合他的性格……

就算真的是這樣，也無法影響他一直站在古希臘哲學的最高峰上，對吧？

知識鏈接

建築師

　　古希臘建築師的主要工作是建造雄偉壯麗的神廟，人們在神廟裏供奉他們所崇拜的神。

文學家

　　古希臘人創造了悲劇和喜劇，還特別喜歡寫詩——他們的《荷馬史詩》是西方文學史上最早的文學作品。

歷史學家

哲學家

數學家

　　古希臘人的數學很棒，包括演繹推理方法和幾何，他們甚至會測算地球的周長。

政治家和演説家

　　古希臘政治家必須具備很強的演説能力，演説是雅典政治家的職責，也是民眾獲取信息的渠道。

航海家

　　古希臘位於地中海東部，海灣、海島眾多，航海業發達。古希臘人是富於冒險精神的航海家和商人，他們的海上貿易範圍曾達整個地中海及黑海地區。

雕塑家

醫生

墨子

熱愛和平的大思想家

雖然同樣被人尊稱為「子」，但本篇的主角跟下面兩位都不太一樣。

聖人！

孔子

神經病！

莊子

他不像孔子那樣地位崇高到難以動搖，像神一般令人敬畏；也不像莊子那樣總是沉浸在自己的世界裏，讓人覺得腦子不正常。事實上，他可是個很受歡迎的人呢。

我們都喜歡他！
我們都尊敬他！

他為百姓做了很多重要的事，比如避免了即將發生在他們家園的戰爭，做出很多實用的東西幫大家省了很多勁兒，所以他被稱為平民聖人——這稱號還挺不錯的吧，聽起來既親切又氣派。

現在，就讓我們來正式地跟他認識一下吧，他就是被尊稱為墨子的墨翟（約前 480—約前 390）。墨翟生活在春秋末年到戰國初年，是了不起的思想家、政治家、科學家、軍事家，同時也是墨家學派的創始人。

在墨子生活的年代，中國由很多諸侯國組成，各諸侯國之間經常發生戰爭，而墨子的一生幾乎都在為一件事而努力，那就是——消除戰爭。

走到哪裏都在打仗，唉……

他在各諸侯國之間奔波，勸說各諸侯國的統治者接受自己

的主張——大家應該平等友愛，而不應該發動戰爭——他把這叫「兼愛」和「非攻」。

不過，各國的統治者似乎並不願意聽他的話。

你可別以為墨子只是講講大道理就算了，他可是做出了很多努力呢。大國的統治者不肯停止戰爭，他就幫那些小國想出了許多有效的防禦辦法——他動手能力超強，會製造多種武器和守城器械，還制訂出一整套戰術。

另外，這位先生還有很多種身份是你怎麼也想不到的……

數學家

甚麼是圓形，甚麼是矩形，甚麼是直線……這些概念都是墨子最先確定的。

物理學家

他研究光，探討平面鏡和凹面鏡的特點。除此之外，他對力學也很感興趣。

哲學家

他強調邏輯思維，是中國古代邏輯思維體系最重要的開拓者之一。

機械製造專家

他製造出一種非常實用的運貨車，不僅運東西速度快，推起來還很省力。

下面就是這位和平主義者的故事，你會看到：
· 他拋棄了曾經的偶像孔子。
· 他創立了一個學派。
· 他和大名鼎鼎的魯班有過一次較量。
· 他三番五次拒絕條件優厚的聘任。

墨子開講啦

跟孔子拜拜

　　我出生在魯國，這地方在你們現在所説的山東省滕州市。聽説我的祖輩是宋國的貴族，不過我出生的時候，我家早就變成了一個普普通通的平民家庭。小時候，我放過牛，還學過木工。我是個很喜歡想事情的人，比如有一次，我看到野果殼被雨水浸泡過以後，流出了帶顏色的液體……

我告訴大家一種染布的方法！把布放到泡着野果殼的大缸裏浸泡就行了！

　　雖然沒機會上學，但我也讀過不少書，長大以後還在宋國當過一陣子小官。戰國時期，大國紛紛崛起，和那些國家相比，宋國只是個不起眼的小國，我的官職更是跟芝麻一樣大，完全裝不下我的理想。於是，我決定到各地去拜訪有學問的人，學習治國之道，希望恢復祖輩曾經有過的榮光。

　　開始，我是孔子的忠實粉絲，於是找到一位儒學大師，跟着他學習孔子的學説和《詩》《書》《春秋》等儒家典籍。可是，學得越多，我越覺得孔子的觀點並不是全都正確。我不贊同儒家對待天地鬼神和命運的態度，也不喜歡他們所主張的厚

葬久喪和繁複的禮樂，而且仔細看的話，那些儒家典籍裏有很多沒用的空話和廢話。

喂，你在説甚麼！

這傢伙是打定主意跟我槓上了！

我的觀點跟孔子的分歧越來越多，於是我按自己的想法創立了一個新學派——墨家學派。為了宣傳自己的主張，我到處演講，還收了很多學生。墨家學派的聲勢越來越大，影響力甚至能跟儒家學派相提並論。

我要招更多學生，希望墨家學派的聲勢早日蓋過儒家學派。

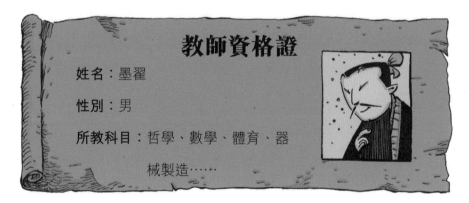

教師資格證

姓名：墨翟

性別：男

所教科目：哲學、數學、體育、器械製造……

染坊裏悟出的道理

我有好幾百名學生，我喜歡帶着他們到處遊歷長見識。有一次，我們路過一家染坊，就進去參觀。染坊裏，工匠們正在染絲。他們把雪白的蠶絲放到熱氣騰騰的染缸裏，浸泡一會兒

再拿出來，蠶絲就被染上顏色了。

我問學生們看了染絲有甚麼心得……

其實，我想讓他們明白的是，像染料對蠶絲的影響一樣，環境對人的影響也非常大。就拿一國之君來說吧，周朝的周武王重用姜子牙，齊國的齊桓公重用管仲，他們跟品德高尚、才能出眾的大臣相處，自己也成了英明的君主；而商紂王、周幽王身邊都是大奸臣，久而久之就變成了昏君，最後亡了國。

不只是一國之君，我們每個人都會受到周圍環境的影響，所以交朋友時一定要慎重選擇——跟心懷不軌的人在一起，你也會生出邪惡的念頭；跟品德高尚的人在一起，你也會變得心地善良。這就是「近朱者赤，近墨者黑」的道理。

憤憤不平的耕柱

接下來仍然是一個我跟學生相處的故事。在我的所有學生

裏，我最喜歡一個名叫耕柱的小伙子——噓，小聲點，我可從沒當面表揚過他，反而經常責備他。

時間久了，耕柱覺得很委屈，憤憤不平地問我，是不是自己真的很差勁，所以才會受到比別人多好幾倍的責備。我沒有直接回答他，而是反問了他一個問題。

聽了耕柱的回答，我告訴他，正像他說的那樣，能擔負重

任的好馬才值得驅遣，至於老牛，連提的必要都沒有，而我經常責備他，正是因為覺得他能擔負重任，值得教導。責備多，正是因為受到的期望高，虛心接受責備的人才會有所成就。

老師，您使勁兒罵我吧！您罵得越兇，我才會越了不起呀！

模擬攻防戰

楚國是個大國，楚王這個野心勃勃的傢伙一直想吞併附近的宋國。為了在戰爭中百戰百勝，他花了一大筆錢，請巧匠魯班幫自己製造攻城武器。

攻打宋國！試試新武器有多厲害！魯班，我要重賞你！

好運氣來了！

要打仗的消息很快傳了出去，宋國的百姓叫苦連天，能移民的移民，能搬家的搬家——戰爭一旦開始，可就別指望有好日子過了。我火速趕往楚國，打算盡全力阻止這場戰爭。

來到楚國以後，我向楚王提出了一個問題。

雖然楚王說不過我，但還是打定主意要通過戰爭炫耀一下新武器。於是，我提出跟製造雲梯的魯班進行一次模擬作戰，證明用雲梯攻城也不會百戰百勝。

戰況很激烈，雲梯挺壯觀。可不管魯班怎麼進攻，我都有

辦法抵擋。楚王在心裏盤算了一下，覺得有我在，打宋國還真不一定能佔到便宜。一了百了殺掉我呢，又影響他在國內外的聲譽，最後楚王只好放棄了這次軍事行動計劃。

宋國躲過了一場災難，不過有個人卻有點兒倒霉。

楚王的聘書

離開楚國後，我帶着學生們奔走在各國之間，向各國的統治者推行我的政治主張，希望說服他們停止戰爭。可在當時的環境下，幾乎所有國君都認為我的想法太天真。不過，他們當中有好幾位都想請我留下做官——不是看重我的學問，而是看重我的名氣，比如楚王就是這樣。瞧，這是他寫給我的信。

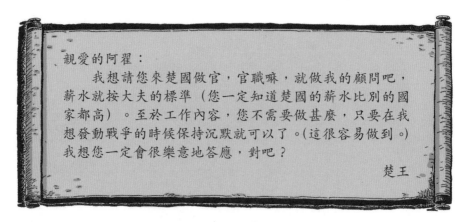

楚王並不打算停止戰爭，他只想讓我閉嘴，所以我拒絕了他。隔了幾天，他又來信了。

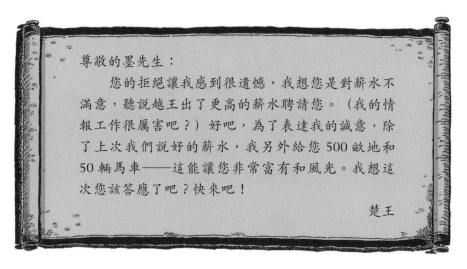

尊敬的墨先生：

　　您的拒絕讓我感到很遺憾，我想您是對薪水不滿意，聽說越王出了更高的薪水聘請您。（我的情報工作很厲害吧？）好吧，為了表達我的誠意，除了上次我們說好的薪水，我另外給您 500 畝地和 50 輛馬車——這能讓您非常富有和風光。我想這次您該答應了吧？快來吧！

楚王

　　我當然又沒有答應。

　　我兩次拒絕了楚王的邀請，同時拒絕了高薪、土地和馬車——為了這些放棄理想，這我做不到。跟富有和風光相比，為了理想而努力才是我最大的樂趣。

　　墨子在他的時代並沒有實現自己的政治主張，不過，他把自己的思想和研究成果都記在了一本叫《墨子》的書裏。後來，他的學說獲很多人認可，作為墨家學派的思想流傳下來，而他本人也被當成一位偉大的思想家，贏得了人們的尊敬和愛戴。

多虧墨子，我們躲過了一場戰亂，他可真是個大好人！

知識鏈接

女兒牆

　　設置在城牆上的凹凸矮牆。因為它就像嬌小的女子，故被稱為「女兒牆」。凸的地方可以幫守城士兵躲避敵人射來的箭，凹的地方便於士兵攻擊城下的敵人。

懸門

　　城門看起來只有一道，事實上外面的只是一道懸吊的門板，裏面也許還隱藏着一道門。門樓裏的滑車能方便地操控這道懸門的升降，平時懸門被升起來，有人攻城的時候就放下，提高城門的防禦力。

護城河

　　守城兵在城外四周挖掘壕溝，引河水灌入，形成人工河，作為城牆的屏障。挖出的土可以用來修築城牆。護城河迫使敵人必須涉水才能到達城下，增加了敵人攻城的難度，提高了守軍的防禦力。

莊子

自由自在的大思想家

提到莊子，很多人都想爆料……

他拒絕了我的重金聘請。

難道他是個有錢人，看不上楚國的金錢？

他是個瘋子，太太死去那天，他竟然高興地唱歌。

難道他不喜歡自己的太太嗎？

他總是以跟我吵架為樂趣。

這位老兄的脾氣看來不怎麼樣……

他超級不怕死！

難道他真的煉成了長生不老藥？

不不不，別着急，繼續往下看，你就會發現這些推斷都是錯誤的。

莊子（約前 369—前 286），名叫莊周，莊子是後人對他的尊稱，他是戰國時期宋國人，是著名的思想家、哲學家和文學家，是道家學派的代表人物之一。

莊子講堂

道家學派是先秦時期的一個思想派別，代表人物除了老子，還有就是莊子啦。道家崇尚自然，反對人為，認為凡事都有自己的規律，主張任憑萬事萬物自由發展。

關於莊子到底在想些甚麼，他的那本書很能說明問題。他寫過一本書，書名就叫《莊子》。《莊子》裏有好幾十個小故事，每一個都非常有趣，不過要學過文言文（他那個年代都用文言文寫作），才能讀得明白——但是我們要完全理解莊子的思想，就像讓金魚了解裁剪或烹飪一樣困難。

莊子和我們已經認識的那些叫甚麼子的思想家最不同的地方，就是他的生活態度十分自在。說起生活態度，老子很消極，最後乾脆躲起來玩失蹤；孔子太起勁，總想建功立業，千古留名；墨子太憂國憂民，這對國家來說當然是好事，但他自己活得實在太累了；莊子呢，面對他並不喜歡的社會和國家，既然沒有力量去改變，乾脆就用遊戲的態度對待，一切都不在意，

甚麼都不在乎，追求絕對自由。事實上，他那本書的第一篇就叫《逍遙遊》。

對華服、美食、豪宅、名車通通說不！

下面就是這位特立獨行的大人物的故事，你會看到：

· 他曾經靠賣草鞋為生。
· 他拒絕了一份大家公認的好工作。
· 他跟唯一的朋友動不動就吵架。
· 他不介意給烏鴉和螞蟻當大餐。

莊子開講啦

借糧也借得理直氣壯

我住在宋國，我的祖先是宋國王室，我住在蒙城（在今河南省東部跟山東交界的地方）。不過，祖先的榮耀和我已沒甚麼關係啦，現在我只是宋國的普通百姓而已。

年輕的時候，我曾經在漆園這個地方當過小官。不過，你也知道我所在的戰國時代政局混亂，官場黑暗，我和那些擅長獻殷勤拍馬屁的同事們完全合不來，對他們欺壓百姓的做法也很看不慣。於是，我只幹了很短一段時間就辭職回家了。

辭職以後，我決定靠賣草鞋賺錢，畢竟我有一大家子人要

養啊。我的手藝還不錯，編出的草鞋樣子時尚，穿着舒服，拿到市場去賣，勉強也能養家餬口。

我引領時尚潮流，這比當官有意思多了。

不過，草鞋生意並不穩定，遇到颱風下雨，沒人來逛市場的話，草鞋一雙都賣不出去，全家只好一起餓肚子。有一天，太太跟我說，家裏實在沒米下鍋了，孩子們餓得直哭。於是，我只好到有錢的監河侯（管理河務的官）家，打算向他借點兒糧食，把這幾天對付過去。

我家沒米了，想向您借些米回去煮飯。等我賣出草鞋，一定還您米錢。

沒問題，等我收了地租，就派人把米給你送去。

甚麼？等收了地租？現在田地裏的稻子才剛發芽而已！監河侯這麼說，分明是在拿我打趣。於是，我就對他說：「在我

103

來您家的路上，忽然聽到有呼救聲。我朝聲音傳來的方向走過去，看到一條魚躺在路當中，有氣無力地說自己快要乾死了，請我找點兒水救救牠。」

好啊，不過你得等一會兒，我現在馬上去說服吳王和越王，讓他們派人引西江的水來救你。

我就快死了，只要一桶水就可以活，你卻要到南方引水。等你引來水，到乾魚店找我好了。

聽了我的話，監河侯覺得挺沒面子，只好答應把米借給我。其實對我來說，穿補丁衣服無所謂，吃野菜正好很健康，這樣的生活自由自在，比委曲求全地做官領薪水舒服多了。

生活拮据無所謂，靈魂自由最重要。

就讓我繼續待在爛泥裏吧

大概是因為我寫了很多書，又很愛給大家講道理，所以人

們都説我是個有學問的大人物——即使職業是賣草鞋。楚王聽
説了這件事，就派使者找到我，請我去楚國當丞相。説起來他
也挺有誠意，讓使者帶來了一份厚禮。不過，我還是拒絕了。
楚王以為我嫌條件不夠好，於是乾脆説……

楚王出手很大方，丞相的職位也夠高，不過，我卻想到了
祭祀時用的牛：牠在祭祀之前被人餵得又肥又壯，還用鮮艷的
綢緞打扮起來，可是到了祭祀那天，命運就是被牽到太廟，殺
掉當祭品。給統治者們做官，就像等着當祭品的牛一樣危險，
因為他們只想稱霸，臣子只是被他們利用的工具。

被我拒絕以後，楚王並不死心，過了一陣子，又派來兩名
説客。這兩位先生找到我的時候，我正在河邊悠閒地釣魚。

我對他們說：「唉，好吧，就算沒有那種危險，我也不情願當官。我知道楚國有一隻神龜，楚王特別喜歡牠，就把牠拿到廟堂裏供奉起來。神龜被放在鑲嵌着翡翠和玉石的盤子

裏，下面還墊着華麗的絲巾，來廟堂的人都要跪拜牠。

「說起來，這隻神龜夠有面子了吧？可是對牠來說，牠是喜歡被供在廟堂裏受人們敬仰呢，還是喜歡在爛泥裏自由自在地搖頭擺尾？」

當然是在爛泥裏更快活！

那就讓我繼續待在爛泥裏吧，拜託！

我一生都追求自由自在，就算過窮日子，也不願意拿自由來交換榮華富貴的生活。再說，我認為沒有絕對的是非善惡、美醜貴賤。就像一般人認為楚王很了不起，地位至高無上，但我卻認為，如果換個角度看，其實他也很平常。

親愛的阿惠應該明白我的意思

我有個好朋友，名字叫惠施。雖然我們性格不同，想法也不太一樣，但還是很聊得來。

有一天，我和惠施出城踏青，在一條河邊散步，結果因為河裏的魚大吵起來……

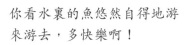

你看水裏的魚悠然自得地游來游去，多快樂啊！

你不是魚，怎麼知道魚快樂不快樂呢？

你不是我，怎知道我知不知道魚快樂不快樂？

我不是你，當然不知道你。可你也不是魚呀，所以你也不知道魚快樂與否。

你這麼説，説明你了解我知道魚快樂。既然你知道我，為甚麼我不能知道魚？

　　我們的對話有點兒繞，對吧？事實上，這是一種思辨（思辨是一種邏輯思維）。在我的一生裏，這樣的思辨還有很多，我能從中悟出道理，體會快樂。

　　雖然我很喜歡惠施，但我們並不是每一次都意見相同。有一次，他收到了魏王的聘書……

職位：

丞相——是個大官

哦！

年薪：

千両黃金，絕對高收入。

福利：

別墅一棟，帶私家花園，位於魏國都城繁華地段。

附加：

侍女百名，琴棋書畫樣樣精通。

瞧，條件的確很好，於是惠施接受了魏王的聘請，到魏國去當了丞相。隔了很久沒見面，我有點兒想他，就到魏國去看他。誰知，有人為了挑撥我們的關係，對他說我要競聘丞相，取代他的位置。惠施這個傻瓜竟然相信了，在都城搜查了好幾天，想要把我找出來。

於是，我寫了封信給惠施，講了一個鳳凰和貓頭鷹的故事。

親愛的阿惠：
　　南方有一種鳥叫鳳凰，每年都要從南海飛到北海。一路上牠只吃鮮嫩的竹子，只喝甜美的泉水，只在梧桐樹上休息。一隻貓頭鷹找到一隻死老鼠，用爪子按得緊緊的，對飛過來的鳳凰大叫：「別打這老鼠的主意，牠是我的！」其實，鳳凰對那隻死老鼠根本就不屑一顧。
　　你明白我的意思，對吧？
　　　　　　　　　　　　　　你的朋友小莊

老婆去世了，我由衷地高興

我和我的老婆相親相愛地生活了很多年，她還給我生了好幾個孩子。

她去世的那一天，朋友們來弔唁，他們看到我在她的靈位前，叉着兩條腿，敲着瓦盆在唱歌。鄰居問我為甚麼不悲傷哭泣，反而還在唱歌？

我是這樣對他說的：

我想，鄰居們並不理解我的話，因為他們看我的眼神古怪極了。隔了不久，我的好朋友惠施也去世了。有一天，我經過他的墳墓，忍不住嗚嗚大哭。

該怎麼解釋我跟惠施的感情呢——從前，有個楚國人的鼻尖濺上了一滴泥巴，就請他的石匠朋友幫忙削掉。石匠揮動斧頭，隨手劈下去，把那個小泥點完全削掉，絲毫沒碰到他的鼻子。而這個人站在那裏面不改色，一動不動。

很多年過去以後，有人對石匠說自己也想試試看，但是石匠說，自己以前做得到，現在已經不行了，因為那個能稱為對手的朋友已經去世了。

所以，我不是因為惠施的死而哭，而是因為從此再也找不到可以愜意談話的朋友而難過。

說了半天生和死的問題，現在，我躺在床上，也快死了。學生站在我的床前，傷心地哭着……

棺材只能防住烏鴉，但是防不住螞蟻。奪走烏鴉的食物，交給螞蟻吃，這不公平啊！

莊子根本不怕死，不過這個不怕死的人卻偏偏比誰活得都長──他足足活了 83 歲，在他那個時代，能活過 70 歲的人就算高壽了。

他的確以自己的方式做到了永生，作為思想家、哲學家和文學家被後人永遠銘記。

知識鏈接

莊周夢蝶

　　《莊子·齊物論》當中記載了一個故事：莊子夢見自己變成一隻蝴蝶，流連在花間十分愜意，一時間全然忘記了自己是莊周。醒來之後，莊子對自己的夢十分驚奇疑惑，於是開始認真思考一個問題：不知是莊周做夢變成了蝴蝶，還是蝴蝶做夢變成了莊周？這就是「莊周夢蝶」的典故。

蒙邑

　　莊子的故鄉是個叫蒙邑（今河南商丘東北部）的地方。蒙邑風景優美，民風淳樸，莊子就在這裏過着自由自在的日子。

下棋

出門訪友

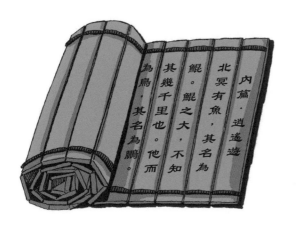

內篇・逍遙遊

北冥有魚，其名為
鯤。鯤之大，不知
其幾千里也。化而
為鳥，其名為鵬。他而

《莊子》

　　《莊子》是集合
了莊子及莊學後人的
篇章整理出的文集，
分內、外、雜篇，其
中內篇代表了莊子的
核心思想。道教奉《莊
子》為經典，也稱它
為《南華經》。

彈琴

耕種

靜思

亞歷山大

戰無不勝的征服者

關於本篇的主角……

據說他相貌英俊，身體強壯，氣宇軒昂，迷倒過許多姑娘。

很多軍事迷被他的戰績折服，等在王宮外面，想要見他一面。

臣民們都崇拜他，據說許多人每天做的第一件事就是叫他的名字並高呼萬歲。

就連歷史學家都承認他非常了不起，提起他就囉囉唆唆讚美一通。

但他根本不在乎別人的看法，他在乎的是——

這次我要征服的地方是……

聽起來很酷，對吧？他就是世界古代史上偉大的軍事家和政治家亞歷山大大帝（前356—前323）。

亞歷山大是馬其頓王國的國王腓力二世的兒子。馬其頓王國在希臘東北部，大約在公元前4世紀，能幹的腓力二世當上了國王。在他的統治下，馬其頓很快強大起來，從一個動不動就鬧內亂的小國變成了希臘城邦的首領。

作為腓力二世的兒子和繼任者，亞歷山大表現得比老爸更出色。他是個不折不扣的征服者，一生中大部份時間都在遠征中度過。他用13年時間東征西討，建立起一個橫跨歐亞非的龐大帝國，把盛極一時的希臘、波斯、埃及和印度的一部份都納入了自己的版圖。

亞歷山大的另一項壯舉是在自己征服的土地上建立了幾十座城市，並帶去了希臘文化和先進的技術——你猜這些城市都叫甚麼？沒錯，大部份都叫「亞歷山大」。

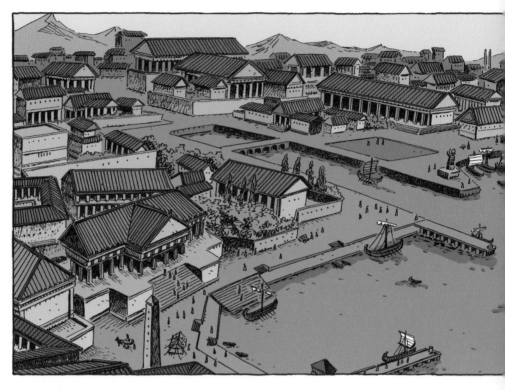

如果那時有報紙，大概應該是這樣的——

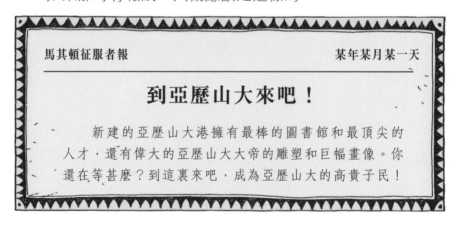

馬其頓征服者報　　　　　　　　　　　　某年某月某一天

到亞歷山大來吧！

　　新建的亞歷山大港擁有最棒的圖書館和最頂尖的人才，還有偉大的亞歷山大大帝的雕塑和巨幅畫像。你還在等甚麼？到這裏來吧，成為亞歷山大的高貴子民！

　　無論被征服地區的人民是不是真心臣服，都必須承認，亞歷山大的遠征讓東西方之間的交流變得頻繁。從長遠來看，這也許比他建立龐大帝國的意義還要大。

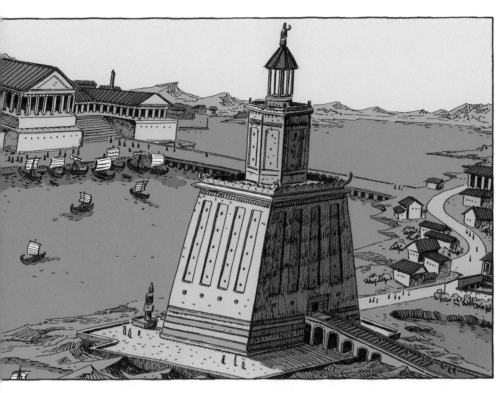

下面就是這位大征服者的故事，你會看到：

· 在戰場上，他總是表現得比別人更英勇。

· 他擅長使用一種非常厲害的陣形。

· 大流士三世寫給他的求和信。

· 他和士兵們的一場集體婚禮。

亞歷山大開講啦

我怕等我長大，這世界就沒甚麼地方可征服了

　　我出生在馬其頓的王宮裏，我的老爸是偉大的腓力二世。作為以後要繼承王位的人，我從小就必須接受嚴格的教育，受老師亞里士多德的影響，我愛上了詩歌。《荷馬史詩》裏有個

大英雄叫阿喀琉斯,他是我的偶像,我相信自己一定能像他一樣,幹出一番了不起的事業。

當然,我可不是書呆子,相反,我精力充沛,身體強壯,動作敏捷。12 歲那年,老爸弄到了一匹脾氣暴躁的馬,牠已經踢傷了王宮裏最好的馬夫和一位力大無窮的將軍,而我輕輕鬆鬆地馴服了牠,從此布塞法魯斯(這是我給牠取的名字)就成了我最忠實的朋友,一直陪在我身邊。

我迫不及待地想到戰場上一顯身手⋯⋯

16 歲時，我開始代替遠征的老爸執政，並把國家治理得井井有條。到了 18 歲，我終於可以跟老爸一起出征了。在戰場上，我表現得非常勇猛，而且我還發現自己的口才很棒！

誰願意跟我去享受一場純屬旅遊的快樂戰鬥？

我的姐姐要結婚了，在這場隆重的婚禮上，我的老爸穿着華麗的白袍，喜氣洋洋地走進禮堂。就在那個瞬間，意外發生了，一個打扮成士兵的刺客突然衝了出來，用一把短劍刺穿了老爸的心臟。就這樣，20 歲的我繼位變成了馬其頓的新國王。

我比老爸的手段強硬得多

老爸去世後，本來那些宣佈臣服的希臘城邦認為這是擺脫馬其頓控制的好機會，於是紛紛發動了叛亂。

夥計們，該擺脫馬其頓了！

那個年輕的小伙子看起來很好對付！

但是，他畢竟是腓力二世的兒子……

現在還不動手，難道要等他強大起來嗎？

等到他們打起來，就顧不上我們了，到時候……

色雷斯　　特薩利　　特里巴利　　伊利里亞　　　底比斯

他們很快就領教了我的強硬手段。

色雷斯戰場：

色雷斯人依仗地勢高，想利用戰車把我的軍隊衝散……

特薩利戰場：

特薩利人斷定我的人會出現在緩坡，而不是懸崖，但是……

特里巴利戰場：

特里巴利人以為我的弓箭手小分隊是主力部隊，結果……

伊利里亞戰場：

伊利里亞人則被我的陣形嚇破了膽……

底比斯戰場：

　　底比斯人到處散佈我在戰場上陣亡的消息，趁機發動暴動。我認為必須給他們一個教訓，於是火速揮師南下，以閃電般的速度出現在了底比斯城下。

　　經過這幾次戰爭，那些反叛者紛紛表示臣服。我和他們簽訂了條約——這不是逼迫，他們是自願的。

希臘地區同盟條約
1. 簽訂條約的各國保證永遠聽命於馬其頓，尤其是亞歷山大大帝。
2. 簽訂條約的各國應該迅速整合軍隊，加入亞歷山大大帝的遠征。
3. 如果誰違背這個條約，必須付出最慘痛的代價！

沒有了後顧之憂，我可以大顯身手了。我的第一個目標是強大的波斯帝國（位於伊朗高原，包括埃及、小亞細亞等地），波斯領土遼闊，繁華富饒，曾經差一點兒征服了整個希臘半島。

向波斯進軍！

我不要別人送來的半個，我要親自征服一整個

　　在你們說的公元前 334 年，我率領來自馬其頓和其他希臘城邦的四萬名士兵向波斯進發。這時，波斯的統治者是大流士三世，他派來了三位總督和五萬名士兵迎戰。跟波斯軍隊相比，我們不僅兵力處於劣勢，而且物資少得可憐。不過，我還是率領軍隊取得了勝利——儘管我在一次衝鋒時被砍掉了頭盔。

　　接下來，我率軍南下，直奔敘利亞——波斯強大的海軍和艦隊讓我們在海上佔不到便宜，那麼從陸路攻佔所有的港口似乎是個好主意。不料，當軍隊到達敘利亞北部時，大流士三世竟然親自率領幾十萬大軍從背後殺了過來。

　　雖然他在兵力上有絕對優勢，但我的士兵個個訓練有素。經過在伊蘇斯的一場大戰，波斯人幾乎全軍覆沒，大流士三世一路逃了回去。

　　我繼續向敘利亞和腓尼基推進，佔領了那裏最重要的城市大馬士革和推羅（在今黎巴嫩境內）。有一天，我收到了一封信，是大流士三世寫來的。

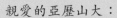

親愛的亞歷山大：

　　很遺憾，前幾天我們的見面發生在戰場上，我保證那只是一個小誤會。讓我們放下戒備說說真心話吧，事實上我討厭打仗，它佔用了我吃喝玩樂的時間。所以我提議，我們來簽訂一個和平協議——為了表示我的誠意，我願意把半個波斯帝國送給你。

　　相信你一定會十二萬分滿意，讓我們先來握個手吧。和平萬歲！

　　　　你的朋友：膽小鬼和平愛好者大流士三世

　　半個波斯帝國的確很誘人，但我更感興趣的是征服而不是吃喝玩樂。至於波斯帝國，我不要別人送來的半個，我要親自征服一整個。於是，我在睡覺之前花了兩分鐘給大流士三世寫了封回信。

親愛的大流士，對於你的提議，我只想回答一個字——

呸！

這個狂妄的傢伙！

馬其頓方陣威力十足

　　經過一段時間的休整，我率大軍正式向波斯發起了進攻。雖然在這之前我打贏了一場跟大流士的戰爭，但面對波斯這個強大的對手，大部份人都悲觀到了極點。

馬其頓征服者報 公元前333年11月1日

馬其頓出征波斯——雙方兵力大對比!

馬其頓帝國：我們的亞歷山大大帝有4萬名步兵和7000名騎兵。

波斯帝國：大流士三世有100萬名步兵、4萬名騎兵、200輛戰車和15頭戰象（新式武器）。

結　論：

真可怕，我們輸定了！

　　雖然這份報紙上的內容有點兒誇張，但大流士至少有步兵20萬。看樣子，我只好用絕招了——沒錯，就是馬其頓方陣。

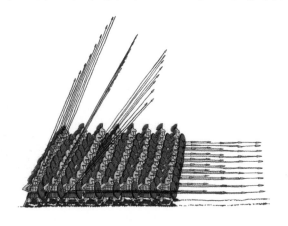

　　就像你看到的一樣，敵軍很難穿過密密麻麻的長槍衝到陣前，如果不想送死，那就只能後退。

　　我跟大流士三世的決戰被稱為高加米拉之戰，我用這個威力十足的陣形突破了波斯軍隊的防線，大流士三世棄兵逃跑，波斯全面崩潰，從此喪失了抵抗能力。公元前330年，傳說

中不可戰勝的波斯帝國徹底被我征服了，這可真是令人興奮。

我希望每個人都娶一位波斯太太

征服波斯後，我繼續向東進入印度河流域。但是我的軍隊常年征戰，不肯繼續前進，我只好停止遠征，率軍返回波斯。這距離我出兵波斯已經過去了十多年，馬其頓變成了一個疆域遼闊的偉大帝國。為了讓希臘人和波斯人從仇人變成伙伴，我想出一個好主意……

我希望你們每個人都娶一位波斯太太——更正一下，不是希望，是命令！

我鼓勵我的士兵跟波斯姑娘結婚，為了給他們做榜樣，我自己就娶了大流士三世的漂亮女兒。那是一場不折不扣的集體婚禮，因為同一天舉行婚禮的馬其頓將士有一萬名那麼多。

公元前 323 年，亞歷山大大帝計劃再次出發遠征，去征服整個世界。不過沒過多久，他突然得急病去世了，他的遠征計劃戛然而止。亞歷山大去世後，他所創建的帝國被手下的將領分為四部份，後來這些地區大多被羅馬共和國和安息帝國佔領。亞歷山大的遠征促進了東西方民族融合，使希臘文化傳播到遙遠的西亞、北非和南亞次大陸……

知識鏈接

遠征軍部隊

　　亞歷山大的遠征軍包括騎兵、重裝步兵、盾牌手、弓箭手、投槍手、投石手和偵察兵，他們當中的任何一個都勇猛善戰。

藝術家

　　亞歷山大總是帶着藝術家一起出征，因為他要讓自己在征戰途中的功績以最快的速度傳播開來——詩人要為他寫詩，畫家要為他作畫，雕塑家要為他製作雕像，音樂家要給詩譜上曲子。

音樂家

馬夫

畫家

重裝步兵

盾牌手

號手

作家

醫生

哲學家

工程師

從

科學家

先知

建築師

兵

投石手

弓箭手

步兵軍官

偵察兵

科學家

　　包括天文學家、地質學家和地圖繪製人員在內的科學家隊伍也要隨遠征軍出征，因為他們得隨時記錄遠征途中的各種發現。

建築團隊

　　建築團隊包括建築師、工程師、測量員和施工人員。他們負責為遠征軍建造營寨和攻城工具，有時候也要根據情況修建橋樑，甚至整座城市。

阿基米德

古希臘最偉大的科學家

你一定聽說過下面這些閃光的名字……

> 萬有引力是我發現的！
>
> 相對論最偉大。
>
> 我是最會畫畫的發明家！
>
> 我用望遠鏡看到了太空！

牛頓　　　　愛因斯坦　　　達·芬奇　　　伽利略

看，這些大人物相互之間似乎並不服氣。不過，如果提起一個人，他們一定都會心服口服……

> 了不起的偶像！
>
> 我的很多靈感來源於他！
>
> 他從來不會只說不做！
>
> 我永遠的楷模！

他們異口同聲讚美的這位大人物，就是古希臘最偉大的科學家阿基米德（前287—前212）。

阿基米德差不多是我們已知的科學家中最早的一位，我們無法以「阿基米德最偉大的成就是……」這樣的句式開頭，因為無論數學還是物理學他都精通得要命，他所有的成就都很偉大。他曾經說過一句頂有名的話……

雖然有點兒誇張，但他的確利用槓桿原理發明了很多有用的東西。

除了槓桿原理，他還發現了浮力定律，從此可以方便地測量水中的物體所受到的浮力。另外，他還是投射武器的發明者，確定了各種複雜幾何體的表面積的計算方法，並且比較精確地計算出了圓周率。他甚至連天文學也很精通，並製作了一個太陽系模型——他認為地球可能是圓的，圍繞着太陽旋轉。要知道當時可是公元前 3 世紀，幾乎所有人都認為地球是方的。同樣的觀點在很多年以後由哥白尼提出時，還被大家認為既大膽又新鮮。

接下來，這位超級科學家會在忙碌的科學研究中，抽時間為你講述他的故事，你會看到：

· 他曾經在埃及的亞歷山大港留學。

· 他曾經光着身子跑到大街上……

· 羅馬指揮官在攻打他所在的國家時，認為那是一場跟他一個人的戰爭。

· 他在被殺死的前一刻還在聚精會神地研究數學問題。

阿基米德開講啦

超級亞歷山大人

紋拉古位於西西里島東部，是個希臘城邦，大約在公元前

8世紀建立，在公元前4世紀變得強大起來。我出生在敍拉古的一個貴族家庭，據說，我家跟敍拉古的國王赫農王有點兒親戚關係。我的老爸是個天文學家，同時對數學也有點兒研究。在他的影響下，我從小就對數學和天文學很感興趣，而幾何學則讓我着迷。

不得不說，在我的時代，古希臘的輝煌已經逐漸衰退，埃及的亞歷山大港正在漸漸變成世界的中心——你一定聽說過位於尼羅河口的亞歷山大港，它是征服者亞歷山大命人建造的，擁有當時世界上規模最大的博物館和圖書館，聚集着所有知識最淵博的人。

這就是偉大的亞歷山大建造的城市！

11歲的時候，老爸把我送到亞歷山大港學習。我在這座城市生活了很多年，有名的數學家歐幾里德當過我的老師。我最喜歡這裏的圖書館，它比任何一座圖書館都要好——我並不是指它24小時開放、有中央空調和無限量果汁供應（事實上這些都沒有），而是因為它裏面的藏書真的棒極了。

阿基米德的書單

《幾何原本》	歐幾里德的作品，好得沒話講，我崇拜他！
《力學大全》	內容似乎太簡單，不過這已經是我能找到的最難的了。也許以後我能寫一本更好的。
《天文學亂談》	作者不詳，我喜歡裏面的怪想法。

除了看書，我還認識了很多朋友，我們保持着密切的聯繫——比如每週二定期聚會和每週一、三、四、五、六、日不定期聚會。人們把我們稱為亞歷山大學派，我並不喜歡這個名字，我想「超級亞歷山大人」要更好些，對吧？

無論阿基米德說甚麼都要相信他

我是個實踐家，我不能忍受我的發明永遠停留在圖紙上。不過，剛剛當上赫農王的顧問時，赫農王似乎對我不太信任。

阿基米德？他說的話可不能全信，有些實在是太荒唐了——尤其是撬地球甚麼的。

我想我應該做點兒甚麼證明自己真的可以，於是我想到了那艘大船。不久前，赫農王下令建造了一艘豪華大船，它可真是個龐然大物，所有強壯的士兵一起用力，也沒法把它推進海裏。它已經在岸上待了好幾天了，赫農王為此很傷腦筋——如

果一艘大船不能下水，再豪華又有甚麼用呢？

我利用槓桿原理和滑輪，設計了一套複雜的機械系統，然後把連着整套系統的繩子交到赫農王手裏。他輕輕拉動繩索，只見大船緩緩挪動起來，最後順利進入了大海。

赫農王又驚又喜，立刻頒佈了一道告示……

告 示

從現在起，我要求大家，無論阿基米德說甚麼都要相信他！

赫農王

從此，我成了赫農王最信任的人……

問問阿基米德，有沒有好辦法用河水灌溉土地？

我的豪華郵輪進水了，讓阿基米德想辦法把水抽出來！

出浴室的時候請記得穿衣服

雖然我是身份尊貴的國王顧問，但從頭到腳總是髒兮兮的，因為我得隨時記下不斷湧出的想法，沒帶紙和筆時，就用火堆裏的煤灰記在衣服上。我的太太可不喜歡我這樣，經常命令我去洗澡——說到洗澡，她又該抓狂了。

阿基米德妻子最怕的三件事

第三件 蟑螂
任何一個女人都會怕，科學家的妻子也不例外。

比起我，他更愛那些幾何圖形！

第二件 長皺紋
可惜阿基米德發明不出青春永駐霜。

第一件 阿基米德洗澡
丟人的回憶，不堪回首……

我的太太這麼說是有根據的，因為有一次，我洗澡洗到一半，便光着身子跑了出去……

134

故事要從一頂王冠說起。幾個月前,赫農王給了工匠一大塊黃金,讓工匠給自己做一頂王冠。工匠手藝高明,王冠做得精巧別致,赫農王很喜歡。不過,前幾天他收到一份密報——

這個任務把我難住了。王冠的重量跟當初赫農王給工匠的黃金重量是一樣的,又不能把它破壞,怎麼才能知道它是不是純金的呢?如果它裏面真的被換成了重量相同的銀,那麼它跟一頂純金王冠的體積應該不一樣。不過問題是,要怎麼測量出王冠的體積呢?

我苦思冥想了好幾天,一點兒頭緒也沒有。

這一天，太太又讓我去洗澡。我腦子裏想着王冠，心不在焉地走進浴室。當我踏進裝滿水的澡盆時，一部份水從澡盆裏溢了出來——啊，我想到了！

沒錯，就是這樣。我進入澡盆以後，澡盆會溢出跟我體積一樣的水。同樣的道理，如果王冠是純金的，把它放進水裏，溢出的水應該跟同等重量的金塊排開的水體積相同才對。

我連忙跑進王宮向赫農王報告……

現在，難題解決了，而且我明白了一件事——把物體浸在水裏（或者別的甚麼靜止的液體裏），物體會受到浮力，浮力的大小等於它所排開的水的重量，這就是「阿基米德定律」。整個過程都很完美，除了我跑向王宮的時候忘了穿衣服……

羅馬真正的敵人只有阿基米德一個

公元前 218 年，地中海上的兩個強國——羅馬和迦太基打了起來，敍拉古決定支持迦太基。

羅馬人當然不會善罷甘休，很快派來了能征善戰的馬塞拉斯將軍和他的羅馬軍團。羅馬軍團很快包圍了敍拉古城，還佔領了城外的海港。雖然我痛恨戰爭，但是為了挽救敍拉古，我只好開始想方設法發明抵擋敵人進攻的新武器。

開始，我利用槓桿原理製造出一種叫弩炮的拋石機。這個大機器能把幾百千克重的石塊投射到 1,000 米以外的地方。當羅馬人的戰艦靠岸時⋯⋯

馬塞拉斯並不甘心，隔了一陣子又發動了第二次進攻。這

一次我發明出一種無敵鐵鈎,能鈎住敵人的戰艦,然後把它拉起來扣進海裏。

還有一次,羅馬人發動了突襲。士兵們都到前線去了,城裏只剩下沒有戰鬥能力的老人和小孩。危急時刻,我讓大家從家裏拿來鏡子,然後集合到海岸邊,用鏡子把強烈的陽光反射到敵人戰艦的船帆上。

羅馬人因為我的新武器吃盡了苦頭,個個驚慌失措,草木皆兵,就連馬塞拉斯將軍都為此傷透了腦筋……

遺憾的是，阿基米德的發明最後沒能幫敍拉古逃過滅亡的命運。公元前 212 年，羅馬人攻進了敍拉古城，當時阿基米德正在家裏研究數學問題，一個羅馬士兵的劍落了下來……

人們為阿基米德舉行了一場隆重的葬禮，還為他豎立了一座特別的墓碑，墓碑上刻着一個奇怪的圖形。

知識鏈接

定滑輪

滑輪軸固定不動的滑輪叫作定滑輪，它能改變力的方向。

動滑輪

滑輪軸和滑輪一同移動的滑輪叫作動滑輪，它能讓操作的人省力。

起重機

據説阿基米德發明了一架起重機，起重機用了兩個定滑輪和一個動滑輪，能很方便地吊起重物，輕鬆地把重物搬運到別的地方。

重物

用大石頭壓住起重機，讓它保持穩固。

滑輪組

　　動滑輪和定滑輪組合在一起叫滑輪組，它既省力又可以改變力的方向，使用起來很方便。

要吊起來的重物

秦始皇

中國的第一位皇帝

　　秦始皇（前259—前210）的名字叫嬴政，是中國的第一位皇帝，他統一了六國，建立了中國歷史上第一個大一統的封建王朝——秦朝。

在秦朝以前，中國的朝代是周朝。西周時期，周天子還能說了算，可是到了東周，王室越來越衰弱，而各個諸侯國變得越來越強大。漸漸地，周天子對國家失去了控制力，諸侯國裏頂強大的那些開始爭奪老大的位置，春秋時期就這樣開始了。齊桓公、晉文公、宋襄公、秦穆公和楚莊王都先後當上過政壇的頭號大人物，號稱「春秋五霸」。

各諸侯國為了爭權奪利，擴展疆域，互相打來打去，戰爭頻繁。漸漸地，那些實力差的小國紛紛被吞併，到最後只剩下最強的七個國家——齊、楚、燕、韓、趙、魏、秦。這段時期被稱為「戰國」。

你大概注意到了，這七個諸侯國裏有一個是秦，沒錯，就是秦始皇（那時他還只是秦王）所在的秦國。最後，秦國在這場最高權力的爭奪戰中獲勝，滅掉了其他六個諸侯國，結束了持續五百多年的戰亂，建立起一個統一的大帝國。秦始皇還為自己創造出了「皇帝」這個頭銜——在這之前，各國的最高統治者被稱為公或王，「皇帝」聽起來氣派多了。

怕了吧？

秦始皇不像亞歷山大大帝一樣只是沒完沒了地征服，而是想方設法讓自己的統治變得更穩固，這是他除了統一中國之外另一個了不起的地方。不過，他也做過不少並不英明的決定，比如大興土木，修建宮殿和自己的超豪華陵墓。這些宏大的建築工程和連年對外征戰讓百姓的日子很不好過，他也因此成為一個充滿爭議的皇帝，他暴君的稱號就是這麼來的。另外，他還幹過一些蠢事，比如追求長生不

老……

下面就是這位皇帝陛下的故事,聽故事的時候你得小心點兒,千萬不要打斷他,因為他的脾氣暴躁得像頭獅子,惹到他的人八成都會掉腦袋。你會在故事裏看到:

- 他曾經是個可憐的人質,性命岌岌可危。
- 他打敗了把持朝政的權臣。
- 展現他寬廣胸懷的招聘啟事。
- 他統一中國的進程。

秦始皇開講啦

可憐兮兮的人質和忍辱負重的秦王

雖然我是秦國人,但我出生在趙國的都城邯鄲,確切地說,是一間受到監視的小屋裏,因為我的老爸是在趙國做人質的秦國王子。按照當時的國際慣例,兩個國家會互相交換人質表示誠意。他們的意思是——如果我對你不友好,怎麼放心讓我們的人待在你們國家呢?

運氣不好的是,趙國和秦國的關係不斷惡化,經常發生戰爭。我們一家人在趙國的處境越來越艱難,過着窘迫的日子。更要命的是,聽說趙國人打算殺掉我的老爸,給秦國一點兒顏色瞧瞧。

這時候,一個叫呂不韋的大商人出現了。他出手相助,拿出一大筆錢疏通關係走門路,還賄賂了邯鄲的守城官,帶我老爸逃回了秦國,還幫他當上太子。我和老媽留在趙國,繼續過擔驚受怕的日子,生怕趙國人哪天心血來潮,把我們母子倆抓起來砍掉腦袋。

贏政的秘密日記

真不想在這兒待下去了，但逃跑肯定沒有機會，到處都是趙國士兵——老爸逃走後，他們多派來了一倍的人手。雖然免不了情緒低落，但我始終相信，總有一天我會離開這個鬼地方，去幹一番大事業。

幾年後，老爸把我們接回了秦國。後來，他當上了秦王，可惜只過了三年他就去世了，我就這樣從人質變成了新的秦王。

不過，這件事沒甚麼可高興的。那一年我只有 13 歲，國家大權都掌握在呂不韋手裏。事實上，呂不韋非常囂張，根本不把我放在眼裏。

贏政的秘密日記

呂不韋這個狡猾貪婪的傢伙絕不是值得信賴的人，但我現在必須把權力交給他，這樣既能保證我的安全，也能換取我成長的時間。

我的願望是——快點兒長大！上朝的時候再也沒有呂不韋在一旁指手畫腳！

而現實是——我必須尊敬他（表面裝作尊敬也行）。

歡迎你來秦國工作

就這樣，我長到了 21 歲。按照秦國的制度，現在我可以

親自處理朝政了，但是呂不韋卻百般阻撓。

　　我表面上若無其事，其實私底下一直在暗自準備。我下定決心，當我有了足夠戰勝呂不韋的兵力時，我立刻撤了他的職，並把他從秦國趕走了。

　　雖然擺脫了呂不韋，但我明白，要想幹一番大事業，必須有人協助才行。於是，我發佈了一則這樣的招聘啟事——

招聘啟事

　　秦王（也就是我）公開招聘人才，只要你才華出眾並發誓對我効忠，哪怕你：

　　．不是秦國人。（我會給你頒發秦國的榮譽居民證。）

　　．地位低下。（你該知道如果你不是出身貴族，在別的國家很難得到重用。）

　　．曾經為別的國家効力。（這真讓人生氣，但我會盡量不在意。）

　　．曾經對我進行過人身攻擊。（~~我會毫不留情地把你的腦袋砍下來~~我會原諒你。）

　　到秦國來吧，我會為你提供一個滿意的官職，待遇優厚。

秦王政

我找到了很多能幹的人，比如：

尉繚

魏國人，曾經講了我不少壞話，但看在他精通軍事的份兒上我沒把他關進監獄，而是真誠相待。後來他幫了我不少忙。

李斯

楚國人，曾是呂不韋的親信。我看重他的能力，不計前嫌，讓他做了丞相，他果然為我立下了汗馬功勞。

姚賈

魏國人，出身貧寒，很會說話。他沒讓我失望，在趙、魏、燕、楚想合夥攻秦時，他出使這四個國家，阻止了他們的計劃。

鄭國

韓國派來的間諜，想通過修建水渠消耗秦國的國力。我發現後沒殺他，而是讓他繼續建造水渠，灌溉農田。

在他們的幫助下，我覺得我更有信心實現我的理想了，那就是——統一中國！

讓六國軍隊都在我秦軍面前顫抖吧

為了給即將開始的大戰做準備，我訓練了一支勇敢的軍隊。如果那時有報紙，我會讓他們這樣大力宣傳——

咸陽日報

公元前230年8月2日

你砍下了多少敵人的腦袋！

決於……

你官爵的大小取

在我大秦，升官發財的唯一辦法就是農民多種莊稼，將士去戰場和敵人拚命，砍下他們的腦袋帶回咸陽。空着手回來的窩囊廢會被嘲笑，滿載而歸的大英雄將成為功臣！

我還建立了一座當時最先進的兵工廠。

公元前228年滅趙國

公元前225年滅魏國

公元前230年滅韓國

公元前223年滅楚國

秦　趙　魏　韓

一切準備就緒，我發動了統一中國的戰爭。

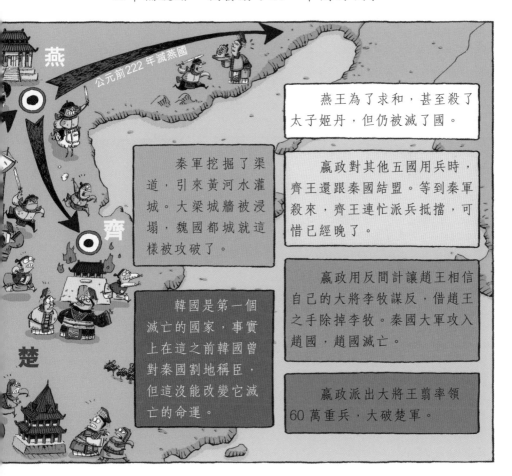

燕

公元前222年滅燕國

齊

楚

燕王為了求和，甚至殺了太子姬丹，但仍被滅了國。

秦軍挖掘了渠道，引來黃河水灌城。大梁城牆被浸塌，魏國都城就這樣被攻破了。

嬴政對其他五國用兵時，齊王還跟秦國結盟。等到秦軍殺來，齊王連忙派兵抵擋，可惜已經晚了。

韓國是第一個滅亡的國家，事實上在這之前韓國曾對秦國割地稱臣，但這沒能改變它滅亡的命運。

嬴政用反間計讓趙王相信自己的大將李牧謀反，借趙王之手除掉李牧。秦國大軍攻入趙國，趙國滅亡。

嬴政派出大將王翦率領60萬重兵，大破楚軍。

對東方六國來説，跟秦軍作戰就像一場噩夢——當然，有時我也會用點兒計謀讓勝利來得更容易些。

全國都在我的控制中

公元前 221 年，我完成了統一，建立起一個強大的國家——秦帝國。現在，你們可以叫我秦始皇了。在那之後，我立刻着手進行了一系列改革，制定了很多有用的政策讓國家變得繁榮穩定。

首先，為了避免國家再次四分五裂，我在中央實行中央集權制，在地方實行郡縣制，具體做法就是把國土劃分為幾十個郡，郡下設縣，郡縣的主要官吏由我任命，保證全國都在我的控制之下。我還制定了嚴苛的法律，並一絲不苟地執行，如果誰有不同意見，可以挑戰試試！

接着，我在都城和各郡縣之間修建了一個龐大又暢通的公路網（我把那叫驛站和馳道，類似於你們所説的高速公路），確保軍隊和命令能迅速到達叛亂發生的地方——我是説，假如有人敢發動叛亂的話。這樣，我的命令可以很快傳達到各地，出巡時也不會遇到大塞車。

別驚訝，秦朝也常發生塞車，並不是因為車太多，而是因為車軸之間的尺寸不一樣，在道路上留下的車轍寬度不同，影

響交通。於是，我規定了車軸之間的距離，還統一了文字、貨幣和度量衡，並高度重視農業生產。這些舉措讓人們的生活更方便，並促進了經濟和文化的發展。

焚書讓我的統治更加穩固

你一定聽說過我的那道命令吧——把秦國的史書和科技之類以外的書籍都燒毀。現在我要說的正是這件事。雖然我統一了全國，卻很難統一大家的思想。人們想法太多，給我的統治帶來了很多麻煩。就連我的大臣們也常常各執一詞，吵得不可開交。為了統一大家的想法，丞相李斯給我出了個主意——

於是，接下來——

有人認為我簡單粗暴地把書燒掉的做法實在是非常不對，但在當時的情況下，我的確用這個辦法統一了人們的思想，讓我的統治更加穩固。而且，事實上，下令燒毀的那些書我都讓人保留了一份，就放在皇家圖書館裏，是後來項羽那傢伙佔領咸陽後一把火把它們燒光的。

秦始皇晚年迷信長生不老藥，給自己建造了巨大的陵寢秦始皇陵。他在巡遊到河北沙丘時病逝。宦官趙高秘不發喪，矯

詔殺了太子扶蘇。後來爆發了陳勝吳廣起義，劉邦率先攻入咸陽，秦朝滅亡。

　　很多人說秦始皇是個暴君，甚至在他死後，為他暴政的結束而歡呼雀躍，但可以肯定的是，他們誰也不想回到秦朝以前的時代。而且，就算死去，秦始皇的影響力也沒有消失——事實上，中國各個朝代按照他所制定的中央集權的政體延續了二千多年。

知識鏈接

萬里長城

　　春秋戰國時期，各國為了防禦別國入侵，會修建烽火台，並用城牆連在一起，這就是最早的長城。秦始皇統一中國後，為了防禦北方的匈奴入侵，發動了一百萬人在北方大規模地修築長城。在這以後的各個朝代也都加固並修建長城，長城的總長度漸漸超過了二萬里，所以稱為「萬里長城」。

　　長城一般修建在崇山峻嶺、懸崖峭壁之間，因為這樣的地勢易守難攻，不過修建起來相當艱難。

烽火台有 12 米高

主城牆約有 9 米高

154

農民與士兵辛苦
地修建長城

烽火台

在長城上，每隔一段就有一座烽火台。如果發現敵人來犯，白天士兵會在烽火台上燃起狼煙，晚上則用烽火作為信號，把消息迅速傳遞出去。

漢武帝

雄才大略的偉大皇帝

公元前206年，秦朝滅亡，劉邦在和項羽的爭霸戰中勝出，建立了漢朝。漢朝的前半段叫西漢，後半段叫東漢。西漢剛開始的時候，因為剛剛經歷過連年戰亂，國家窮得要命，寒酸到就連皇帝——嗯，就是號稱漢高祖的劉邦——都湊不齊幾匹毛色一樣的馬來拉車，面對北方少數民族部落匈奴的欺負也只能忍氣吞聲。

不過，漢文帝和漢景帝這兩位能幹的皇帝用休養生息的政策統治國家，讓漢朝漸漸恢復了實力，變得富有又繁榮——國庫裏的錢多到用不完，各地的糧倉也裝得滿滿當當。

再接下來，就輪到劉徹當皇帝了，他就是本篇的主角漢武帝（前156—前87）。他是漢文帝的孫子，漢景帝的兒子。因為有前面兩位皇帝打下的好基礎，當時西漢的經濟還算繁榮，政局基本穩定，不過卻面臨着非常嚴重的內憂外患——劉氏諸王總想脫離皇帝的管理，將自己的地盤變成獨立王國，而北方的匈奴大軍又一直在邊境虎視眈眈。

在這樣的形勢下，漢武帝用他鐵腕的統治把西漢變成了當時全世界最強大的國家，而他也因此成了中國歷史上最偉大的皇帝之一。

他千方百計削弱各地諸王、豪族的勢力，把政權緊緊地抓在自己手心裏。當然，兵權和財政大權也絕不放鬆。

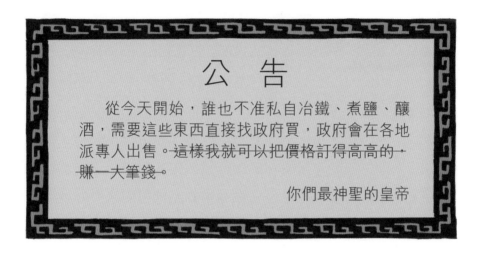

公　告

從今天開始，誰也不准私自冶鐵、煮鹽、釀酒，需要這些東西直接找政府買，政府會在各地派專人出售。~~這樣我就可以把價格訂得高高的，賺一大筆錢。~~

你們最神聖的皇帝

他對待匈奴手段強硬，最後終於把他們遠遠地趕走了。他還不斷向四面八方擴張，擴大了漢朝的疆域，不僅收復了秦朝滅亡時丟失的河套地區、閩越、南越等地，還奪取了河西走廊，為漢宣帝時將西域併入中國版圖奠定了基礎。

自從那傢伙當上皇帝，我們就再也沒有安穩日子過了！

另外，他還非常具有國際視野。他派外交官張騫出使西域

（今天的新疆和中亞細亞等地區），開闢了絲綢之路，這讓中國和西方在各方面都有了更多更好的交流。

張騫

來自西域的食物：葡萄、石榴、大蒜、胡蘿蔔

最後，他還統一了人們的思想（這一點他應該跟秦始皇聊得來），宣佈其他學說全部廢除，只留下儒家的學説供大家學習——後世史學家管這叫「罷黜百家，獨尊儒術」。其實，漢武帝並不是特別崇拜孔子，只是利用孔子的思想來更好地進行統治——他當然沒忘記強調大家要絕對服從皇帝。他的這個決定使儒家學説在接下來的近二千年裏都控制着中國人的思想，算得上是影響深遠。

接下來就是這位皇帝陛下的故事，你會看到：

· 他有一群能幹的大臣。

· 他和他的大臣們想出了一個對付劉氏諸王的好主意。

· 漢軍打敗匈奴的決定性勝利。

· 作為一個皇帝，他竟寫了一封公開信向全國百姓認錯！

漢武帝開講啦

躊躇滿志的新皇帝期待大展拳腳

我的老爸是漢景帝，我很小的時候就當上了太子，從小就

受到了最棒的皇家教育。我有兩大愛好：一個是寫詩，即使是最有名的文學家都對我的詩讚不絕口——希望他們不是在拍馬屁；另一個是打獵，我常跟手下到皇家狩獵場待上一整天，這樣我就可以把《孫子兵法》裏的招數在老虎和野豬身上通通演練一遍。

公元前141年，老爸去世了，我當上了漢朝的新皇帝。作為一個文武雙全又躊躇滿志的15歲小伙子，我恨不得立刻大展拳腳，於是立刻開始在全國選拔人才，幫我治理國家。說起人才，我很樂意給你講講我的大臣主父偃的做官經歷。

主父偃是個很有才華的窮小子，因為出身貧寒，他當大官的可能性很小——幾乎沒有。不過，我制定了一個地方長官向我推薦人才的制度，他就寫了一篇討論國事的文章，千里迢迢趕到京城，一大早交給了負責的官員。

我看到官員送來的文章，立刻派人把主父偃找來。

我見到了主父偃——這算是面試吧，我非常欣賞他，立刻封他做了郎中（這是個官職，可不管治病）。

主父偃非常能幹，向我提了很多有用的建議，包括後面我會提到的推恩令。像他一樣破格做官的人還有很多，不管他們出身怎樣，只要他們有本事，我都會給他們建功立業的機會。

衛青

他本來是我姐姐平陽公主的奴僕，後來我封他做了大將軍，因為他非常能打仗，替我狠狠地教訓了匈奴。

董仲舒

他是被地方官推薦上來的儒生，幫我制定了「外儒內法」的基本國策：皇帝施行仁政，治國時依賴法家思想。

張騫

他原是我手下一名默默無聞的郎官，我看中了他的忠心和堅韌品格，讓他出使西域。他最終打通了商路。

金日磾

他是匈奴休屠王的太子，戰敗後被押解到長安，給我當馬夫。我看他品行好，就讓他輔佐我的小兒子做皇帝。

不動用武力就搞定劉氏諸王

你已經聽説了，我剛當皇帝的時候整個國家充滿內憂外患，最讓我擔心的就是各地越來越強大的劉氏諸王。他們當中有些不僅有自己的領地和軍隊，而且財產比國庫裏的還要多，野心勃勃地想要取代我。看看他們的來信吧，真是讓我火冒三丈！

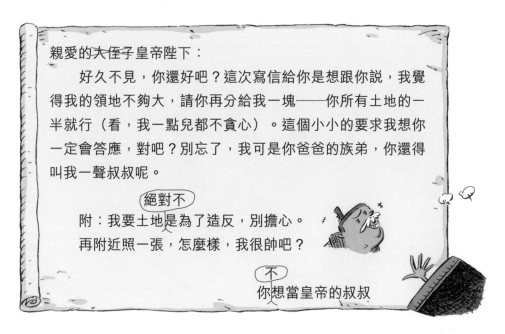

瞧，他們仗着自己勢力強大，根本不把我放在眼裏。從前的皇帝們遇到諸侯造反，大都會直接派兵討伐，不過這樣做即使打贏了，國家也會有很大損失。

主父偃幫我想出一個不用武的好辦法——頒佈推恩令。具體做法就是允許諸王把自己的領地分給他們的兒子，而我會給他們的兒子封爵位。這表面上是對他們格外關照，但事實上，諸王的領地被越分越小——你知道每個劉姓王都有很多兒子，而他們的兒子之間並不團結友愛。

三兒子不肯起兵，七兒子只想在自己的地盤上逍遙快活……

所以最後還是我贏了！

公元前 127 年，號稱「不敗將軍」的衛青率軍突襲河套地區，趕走了住在那裏的匈奴人。

公元前 121 年，大將霍去病連續兩次出征，橫掃匈奴人重兵封鎖的河西走廊。匈奴人狼狽逃跑，就連祭天用的神像都被漢軍搶走了。

居延

酒泉

隴西

北

長安

漢軍反擊方向

匈奴進犯方向

匈奴人，回大漠去吧

內憂解決以後，輪到解決外患了。

從前，漢朝和匈奴經常和親——漢朝把公主嫁過去，跟匈奴人攀親戚。這比開戰所需要的大筆軍費省多了，畢竟以前漢朝有點兒窮。如今，我不打算繼續忍氣吞聲，於是開始整頓軍隊，訓練適合草原作戰的騎兵部隊，打算讓匈奴人嘗嘗厲害。

公元前 119 年，衛青和霍去病兵分兩路出擊匈奴。衛青軍團擊敗了匈奴主力。霍去病軍團殺死和俘虜了七萬多個敵人。

老將李廣一直駐守邊疆，讓匈奴人聞風喪膽，人稱「飛將軍」。匈奴每次進攻都要先打聽李廣在哪兒駐守，特意避開他。

程不識穩重又嚴謹，他的部隊總是按照最嚴格的紀律訓練，出征時 24 小時保持人不解甲、馬不卸鞍的戒備狀態，從沒讓匈奴人佔到過便宜。

漁陽郡

雁門　代郡

太原郡

和匈奴的戰爭持續了幾十年，我幾乎傾盡全國之力，終於把匈奴人趕回了大漠深處，從此他們再也沒辦法威脅漢朝的安全了。

　　這樣還遠遠不夠。接下來，我又向四面八方繼續擴張，向南吞滅了夜郎和南越國，向西平定了西南夷的一系列小國和部落，東北方向則踏平了朝鮮半島北部。

皇帝的認錯詔書

轉眼之間，我的皇帝生涯就過去了五十年。不得不說，我變成老頭兒以後，不如年輕時英明。有段時間我迷上了自駕遊，動不動就坐着馬車到處遊玩，在各地大興土木修建宮殿，還花大價錢催道士幫我煉長生不老藥。

不過，這些跟戰爭用掉的錢比起來只能算個零頭。你知道，打仗需要很多軍費，武器、鎧甲、糧草、運輸、獎勵、撫卹等樣樣都要錢，所以我的支出相當大。前兩任皇帝留下的積蓄被我花了個精光，漢朝看起來強大繁榮，威震四方，其實國庫已經快要空掉了。

我是不是做錯了？

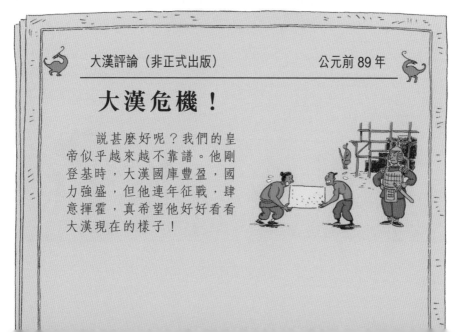

大漢評論（非正式出版）　　　　　公元前 89 年

大漢危機！

說甚麼好呢？我們的皇帝似乎越來越不靠譜。他剛登基時，大漢國庫豐盈，國力強盛，但他連年征戰，肆意揮霍，真希望他好好看看大漢現在的樣子！

我想，我確實是做錯了，但是認錯——你要知道認錯對皇帝來說是件很難的事，因為我所在的時代，皇帝一直想方設法讓百姓們相信自己是神一樣的人物，絕對不會犯錯誤。

沒錯，認錯會丟掉我的面子，但不認錯也許會失去我的國家。如果知錯能改，也許現在還不算晚。於是，我頒佈了這樣一道詔書。

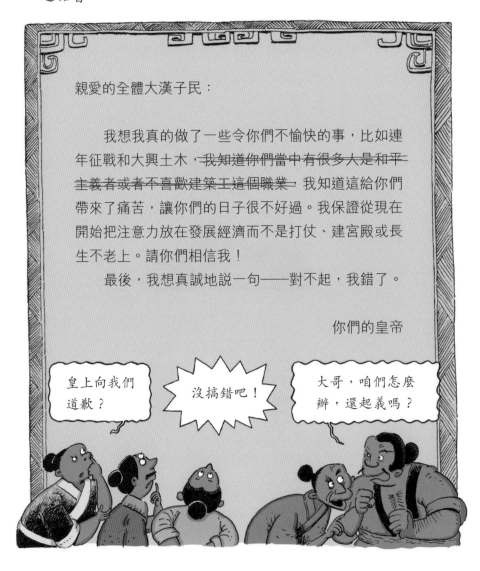

親愛的全體大漢子民：

我想我真的做了一些令你們不愉快的事，比如連年征戰和大興土木，我知道你們當中有很多人是和平主義者或者不喜歡建築工這個職業。我知道這給你們帶來了痛苦，讓你們的日子很不好過。我保證從現在開始把注意力放在發展經濟而不是打仗、建宮殿或長生不老上。請你們相信我！

最後，我想真誠地說一句——對不起，我錯了。

你們的皇帝

皇上向我們道歉？

沒搞錯吧！

大哥，咱們怎麼辦，還起義嗎？

我的道歉非常及時——當時各地有很多起義軍，他們當中的一大部份被我的真誠感動，回家繼續種田去了。就這樣，社會重新變得安定，經濟也慢慢恢復，又一個盛世即將到來了。

　　漢武帝晚年重拾文景之治時期與民生息的政策，為昭宣中興奠定了基礎。臨終前，他傳位給漢昭帝，令霍光輔政。

　　中國人被稱為漢人，中國字被稱為漢字，而中國人數最多的民族被稱為漢族——你大概已經注意到其中的關鍵字了——沒錯，就是「漢」。這一切都來自輝煌的漢朝，這就是偉大的漢武帝帶給我們的榮耀。

　　最後，還有一位名叫司馬遷的先生非要說點兒甚麼才痛快……

我承認他治國有一套，但他絕對是個殘暴的傢伙！哼！

大宛

吐魯番　　伊吾

長城

玉門關　　嘉峪關

龜茲　　敦煌　　酒泉

長安（今西安）

于闐

中　　國

喜馬拉雅山

印度

印度洋

169

佛教僧人

書　　名　漫畫名人故事① 從老子到阿基米德

編　　著　紅馬童書　張　文

繪　　圖　莊建宇　李　楠　侯亞楠　陳宗岱　陳廣濤　陳　銘

責任編輯　郭坤輝

封面設計　楊曉林

出　　版　小天地出版社（天地圖書附屬公司）

　　　　　香港黃竹坑道46號

　　　　　新興工業大廈11樓（總寫字樓）

　　　　　電話：2528 3671 傳真：2865 2609

　　　　　香港灣仔莊士敦道30號地庫（門市部）

　　　　　電話：2865 0708　傳真：2861 1541

印　　刷　亨泰印刷有限公司

　　　　　柴灣利眾街德景工業大廈10字樓

　　　　　電話：2896 3687　傳真：2558 1902

發　　行　香港聯合書刊物流有限公司

　　　　　香港新界荃灣德士古道220-248號荃灣工業中心16樓

　　　　　電話：2150 2100　傳真：2407 3062

出版日期　2021年6月 / 初版・香港